ESTRATEGIAS LAGRANGIANAS Y HAMILTONIANAS PARA LA GESTIÓN EMPRESARIAL

Optimización Matemática para Tomar Decisiones Exitosas

CONSULTORIA IA

Copyright © 2024 CONSULTORIA IA

All rights reserved

The characters and events portrayed in this book are fictitious. Any similarity to real persons, living or dead, is coincidental and not intended by the author.

No part of this book may be reproduced, or stored in a retrieval system, or transmitted in any form or by any means, electronic, mechanical, photocopying, recording, or otherwise, without express written permission of the publisher.

Cover design by: Art Painter
Library of Congress Control Number: 2018675309
Printed in the United States of America

A NUESTRA FAMILIA

CONTENIDOS

Reseña
Audiencia Objetivo
¿Por qué leer Estrategias Lagrangianas y Hamiltonianas para la Gestión Empresarial?
Prefacio
Capítulo 1: Introducción a la Optimización en la Gestión Empresarial
Capítulo 2: Estrategias de Optimización para la Gestión Empresarial
Capítulo 3: Interacción de Estrategias Lagrangianas y Hamiltonianas con Modelos Interdisciplinarios
Capítulo 4: De las Ideas a la Acción: Aplicando Estrategias Lagrangianas y Hamiltonianas
Capítulo 5: Aplicaciones Prácticas de los Métodos de Lagrange y Hamilton en la Toma de Decisiones
Conclusiones
Recomendaciones Prácticas
Apéndices

RESEÑA

En un mundo empresarial cada vez más complejo y dinámico, tomar decisiones estratégicas con precisión se convierte en un factor crítico para el éxito. Este libro explora cómo aplicar los principios de optimización matemática, específicamente las metodologías de Lagrange y Hamilton, en la gestión empresarial moderna. A través de una estructura clara y ejemplos prácticos, se abordan temas como la maximización de recursos, el equilibrio entre costo y beneficio, y el manejo óptimo de restricciones en escenarios reales. Desglosaremos conceptos matemáticos avanzados y los adapta a la toma de decisiones empresariales, haciéndolos accesibles tanto para ejecutivos como para académicos. Desde la optimización de la cadena de suministro hasta la planificación financiera y la evaluación de riesgos, esta obra proporciona herramientas innovadoras para diseñar estrategias efectivas, mejorar la eficiencia operativa y asegurar el crecimiento sostenible de las empresas.

AUDIENCIA OBJETIVO:

1. **Profesionales y Ejecutivos en Gestión Empresarial**: Gerentes, directores y líderes de diversas áreas que buscan herramientas avanzadas para optimizar recursos, mejorar la toma de decisiones y desarrollar estrategias efectivas en entornos de alta competencia.
2. **Consultores y Analistas Financieros**: Profesionales que asesoran a empresas en la evaluación de proyectos, la gestión de riesgos y la maximización del valor económico, interesados en enfoques matemáticos para mejorar su asesoramiento y análisis estratégico.
3. **Académicos e Investigadores en Administración, Finanzas y Economía**: Profesores, investigadores y estudiantes avanzados que deseen explorar aplicaciones de la optimización matemática en el ámbito empresarial y su relación con modelos económicos y financieros.
4. **Estudiantes de Posgrado en Administración y Finanzas**: Estudiantes de MBA, maestrías y doctorados que buscan profundizar en métodos cuantitativos para la toma de decisiones, aplicando conocimientos teóricos de optimización en casos empresariales prácticos.
5. **Emprendedores y Propietarios de Pequeñas y Medianas Empresas (PYMES)**: Dueños de negocios que desean aplicar herramientas matemáticas para mejorar la eficiencia de sus operaciones y maximizar sus recursos en un entorno de recursos limitados.

Este libro es especialmente valioso para aquellos que buscan una comprensión técnica sólida y desean aplicar enfoques estructurados y analíticos a sus decisiones empresariales, sin perder de vista la practicidad en el entorno real.

¿POR QUÉ LEER ESTRATEGIAS LAGRANGIANAS Y HAMILTONIANAS PARA LA GESTIÓN EMPRESARIAL?

1. **Transforma Decisiones Complejas en Soluciones Efectivas**: A través de la técnicas de optimización de Lagrange y Hamilton, el libro ofrece métodos par enfrentar decisiones complejas en áreas como la asignación de recurso maximización de beneficios y minimización de costos. Cada capítulo conviert problemas abstractos en pasos prácticos para solucionar desafíos empresariale reales.

2. **Accesibilidad para No Especialistas**: Aunque utiliza conceptos matemático avanzados, el texto está diseñado para hacer accesibles estas herramientas profesionales sin un fuerte trasfondo matemático. Con ejemplos aplicados explicaciones detalladas, el lector puede comprender y aplicar estas estrategia sin ser un experto en matemáticas.

3. **Aplicación Directa en Diversas Áreas Empresariales**: Desde la planificació financiera hasta la logística y la gestión del talento, las estrategias expuesta pueden implementarse en diferentes áreas de la empresa. Esto hace que el libr sea una herramienta versátil para cualquier líder empresarial que busqu optimizar procesos y tomar decisiones informadas.

4. **Perspectiva Innovadora y Orientada al Futuro**: Este enfoque, que tra conceptos de la física y las matemáticas al campo empresarial, es poc convencional y ofrece una nueva manera de abordar los problemas del día a dí en los negocios. Esto no solo mejora la toma de decisiones actuales, sino qu también prepara a los líderes para enfrentar desafíos futuros con un perspectiva estructurada y analítica.

5. **Contribuye al Crecimiento Profesional**: La habilidad de tomar decisione basadas en datos y análisis matemático es cada vez más valorada en el mercad laboral. La lectura y aplicación de las técnicas de este libro pueden fortalecer e perfil de cualquier profesional, brindándole herramientas avanzadas d optimización que agregan valor a sus habilidades de gestión.

En resumen, leer este libro no solo amplía el conocimiento teórico, sino que ofrece u recurso práctico para quienes buscan hacer de la matemática una aliada en la toma d decisiones estratégicas, eficiente y alineada con los objetivos de su organización.

PREFACIO

En un mundo empresarial en el que la competencia es feroz y la toma de decisiones certera es esencial, las matemáticas avanzadas ofrecen herramientas que no solo mejoran la eficiencia, sino que también revolucionan la forma en que enfrentamos problemas de negocio.

Estrategias Lagrangianas y Hamiltonianas para la Gestión Empresarial surge de la necesidad de cerrar la brecha entre el análisis matemático y la estrategia empresarial, proponiendo métodos que permiten a los líderes estructurar sus decisiones con un rigor pocas veces explorado en este ámbito.

A lo largo de mi carrera en el mundo empresarial y académico, he visto cómo la optimización matemática, común en áreas como la física y la ingeniería, encuentra aplicaciones sorprendentes en el ámbito de la gestión empresarial. Sin embargo, estos enfoques todavía resultan poco conocidos o, a menudo, demasiado complejos para ser aplicados por quienes no tienen una formación matemática especializada. Con este libro, busco hacer accesibles estas herramientas a profesionales de diversas áreas, demostrando cómo la optimización a través de las metodologías de Lagrange y Hamilton puede aplicarse para resolver problemas prácticos, desde la asignación de recursos hasta la planificación a largo plazo.

Este texto está diseñado tanto para ejecutivos que desean mejorar su toma de decisiones como para estudiantes y académicos que buscan comprender el potencial de estas herramientas en la gestión moderna. Cada capítulo introduce los fundamentos teóricos de una manera accesible y los complementa con ejemplos del mundo real, de modo que los lectores puedan implementar estos conceptos en sus propias empresas o estudios.

Mi esperanza es que este libro inspire una nueva generación de líderes y profesionales a aprovechar el poder de la matemática aplicada en sus estrategias de gestión, permitiéndoles tomar decisiones más informadas, precisas y, en última instancia, exitosas. En un entorno global donde cada elección cuenta, invito al lector a adentrarse en estas páginas y descubrir cómo los principios de Lagrange y Hamilton pueden ser aliados poderosos en el camino hacia el éxito empresarial.

CONSULTORIA IA, SEVILLA, 2024

CAPÍTULO 1: INTRODUCCIÓN A LA OPTIMIZACIÓN EN LA GESTIÓN EMPRESARIAL

El Desafío de la Toma de Decisiones en la Empresa Moderna

La toma de decisiones en el contexto empresarial es una tarea cada vez más compleja. Co la creciente competencia en el mercado, la globalización y el avance tecnológico, la empresas se ven constantemente obligadas a adaptarse, innovar y optimizar sus proceso para mantenerse relevantes. La competitividad actual exige que las decisiones no solo sea rápidas, sino también precisas y fundamentadas en datos concretos. En este contexto, la matemáticas aplicadas y, en particular, los métodos de optimización, ofrecen herramienta invaluables para la gestión empresarial. Las técnicas de optimización permiten identifica soluciones que maximicen o minimicen variables clave, como los costos o los beneficios, que respondan a las restricciones específicas de cada organización.

La optimización no es simplemente una cuestión técnica, sino un proceso crítico par definir estrategias que contribuyan al crecimiento sostenible de una empresa. Desde l asignación de recursos y la planificación de la producción, hasta la gestión financiera y l logística, cada área de una empresa puede beneficiarse de los métodos de optimización Esta disciplina ofrece un enfoque riguroso y objetivo para la toma de decisiones, qu permite evaluar alternativas de manera cuantitativa y reducir la incertidumbre en entorno complejos. En particular, las técnicas Lagrangianas y Hamiltonianas son herramienta matemáticas avanzadas que pueden aplicarse a una amplia gama de problemas d optimización en el ámbito empresarial, facilitando la identificación de soluciones óptima para problemas con restricciones.

Este libro está diseñado para ofrecer una introducción accesible y práctica a estas técnica de optimización. A través de ejemplos concretos y explicaciones detalladas, exploraremo cómo los métodos Lagrangianos y Hamiltonianos pueden transformar la forma en que s toman decisiones estratégicas en una empresa. Estos métodos, aunque desarrollados en e contexto de las matemáticas aplicadas y la física, ofrecen una visión única y poderosa par abordar problemas empresariales complejos.

Las Raíces Matemáticas de la Optimización Empresarial

La optimización matemática tiene sus raíces en la teoría del cálculo y el álgebra, dos campos que han evolucionado durante siglos y que siguen siendo fundamentales en la investigación moderna. La base de la optimización se centra en maximizar o minimizar una función objetivo, que representa el resultado deseado, como el beneficio, el costo o la eficiencia. Este proceso se realiza bajo un conjunto de restricciones que reflejan las limitaciones inherentes de los recursos o del entorno operativo. En un contexto empresarial, esto podría traducirse en la maximización de los beneficios con una cantidad limitada de recursos, como capital, tiempo o mano de obra.

En el ámbito de la gestión empresarial, los métodos de optimización encuentran aplicaciones prácticas en múltiples áreas, como la gestión de inventarios, la asignación de recursos, la planificación de la producción y la estrategia de precios. La teoría detrás de estas aplicaciones se basa en el uso de funciones y ecuaciones que representan tanto los objetivos empresariales como las limitaciones que enfrenta la organización. Así, los modelos matemáticos permiten a los gestores visualizar los posibles resultados y tomar decisiones informadas. A medida que una empresa crece, también lo hace la complejidad de sus operaciones y, en consecuencia, la necesidad de herramientas de optimización más sofisticadas. Aquí es donde los métodos avanzados, como las estrategias Lagrangianas y Hamiltonianas, se vuelven esenciales.

Estos métodos se originan en el campo del cálculo de variaciones, que se centra en la optimización de funciones bajo ciertas condiciones. El método de Lagrange, por ejemplo, permite encontrar el valor máximo o mínimo de una función sujeta a restricciones de igualdad, mientras que el método Hamiltoniano es especialmente útil para problemas dinámicos, donde el estado de un sistema cambia a lo largo del tiempo. Ambos métodos han sido adaptados y refinados en la economía y la gestión empresarial, proporcionando un marco robusto para enfrentar los desafíos de la toma de decisiones en entornos competitivos y de alta incertidumbre.

Método Lagrangiano: Optimización bajo Restricciones

El método Lagrangiano es una herramienta poderosa en la optimización que se utiliza pa resolver problemas con restricciones. En un contexto empresarial, estas restriccion pueden representar recursos limitados, como presupuesto, tiempo o materiales. En lug de tratar de optimizar directamente la función objetivo —como maximizar los beneficios minimizar los costos— sin tener en cuenta las limitaciones, el método de Lagrange permi integrar las restricciones en el proceso de optimización. Esto se logra mediante introducción de una "función Lagrangiana", que combina la función objetivo con l restricciones, permitiendo encontrar una solución óptima que respete las limitaciones d sistema.

Por ejemplo, supongamos que una empresa quiere maximizar sus ingresos mediante producción de dos productos diferentes, cada uno con un costo de producción y un marge de ganancia específico. Sin embargo, la empresa cuenta con una cantidad limitada c materias primas y horas de trabajo, lo cual representa restricciones claras. Al formular problema en términos Lagrangianos, se puede incorporar estas restricciones directament en el modelo matemático y, mediante el uso de multiplicadores de Lagrange, obtener ur solución que maximice los ingresos respetando los límites de recursos disponibles. Es aproximación permite a los gestores evaluar diferentes escenarios y adaptar su estrategi según las condiciones específicas del mercado y de los recursos internos.

El uso de multiplicadores de Lagrange también proporciona una visión adicional sobre valor de los recursos limitados en un contexto de optimización. En particular, cad multiplicador de Lagrange puede interpretarse como el "valor sombra" de una restricció indicando cuánto aumentaría el valor de la función objetivo si se relajara la restricció correspondiente en una unidad. Esta información es invaluable para la gestión empresaria ya que permite identificar cuáles recursos tienen un impacto más significativo en rendimiento general de la organización. A su vez, esta información puede ser utilizada par tomar decisiones informadas sobre inversiones futuras, contratación de personal adquisición de materiales.

Método Hamiltoniano: Optimización en Problemas Dinámicos

A diferencia del método de Lagrange, que es ideal para problemas estáticos o con restricciones de igualdad, el método Hamiltoniano se enfoca en problemas dinámicos, donde el estado de un sistema cambia con el tiempo. Este método es especialmente relevante en la planificación estratégica y la gestión de proyectos de largo plazo, donde es necesario considerar el efecto de las decisiones actuales en el rendimiento futuro. En el ámbito empresarial, el método Hamiltoniano permite modelar problemas complejos en los que intervienen múltiples variables interrelacionadas y en los que el tiempo es un factor crítico.

Un ejemplo típico de la aplicación del método Hamiltoniano en la gestión empresarial es la planificación de inversiones a largo plazo. Supongamos que una empresa está evaluando diferentes opciones de inversión, cada una con un rendimiento potencial y un riesgo asociado. Además, las decisiones de inversión no solo afectan los resultados financieros a corto plazo, sino también el crecimiento y la competitividad de la empresa a largo plazo. Utilizando el método Hamiltoniano, los gestores pueden modelar la evolución de los activos y pasivos de la empresa en el tiempo, considerando tanto las oportunidades de crecimiento como las restricciones de liquidez y riesgo. Esto permite desarrollar estrategias de inversión óptimas que maximicen el valor de la empresa a lo largo de un horizonte temporal definido.

El enfoque Hamiltoniano también es útil para problemas de gestión de inventarios y cadena de suministro, donde es necesario equilibrar el costo de mantener inventario con el riesgo de desabastecimiento. Al modelar la dinámica del inventario y los costos asociados, el método Hamiltoniano permite desarrollar políticas de reabastecimiento que minimicen los costos mientras aseguran un nivel adecuado de disponibilidad de productos. Este enfoque no solo ayuda a reducir los costos operativos, sino que también mejora el servicio al cliente y fortalece la posición competitiva de la empresa en el mercado.

La Importancia de la Optimización en la Era de los Datos

Vivimos en una era en la que el acceso a datos es prácticamente ilimitado. Las empresas recogen y almacenan enormes cantidades de información sobre sus clientes, operaciones entorno de mercado. Sin embargo, tener acceso a estos datos no garantiz automáticamente mejores decisiones. Es necesario contar con herramientas y métodos qu permitan analizar e interpretar esta información de manera eficiente y objetiva. L optimización, y en particular los métodos Lagrangianos y Hamiltonianos, ofrecen un marc teórico y práctico para transformar los datos en decisiones estratégicas.

Por ejemplo, en el contexto del marketing digital, las empresas pueden utilizar modelos d optimización para decidir cómo asignar su presupuesto entre diferentes canales d publicidad, como redes sociales, motores de búsqueda y anuncios en línea. Al utilizar dato sobre el rendimiento de cada canal y aplicando métodos de optimización, es posibl identificar la combinación óptima de inversiones que maximice el retorno sobre l inversión. De esta manera, la empresa puede aumentar la efectividad de sus campaña publicitarias y mejorar su posicionamiento en el mercado.

Además, la optimización también es clave en el análisis y gestión de riesgos. En un entorn empresarial, los riesgos pueden surgir de múltiples fuentes, incluyendo fluctuaciones d mercado, cambios en la regulación, o problemas de calidad en la cadena de suministro Mediante el uso de técnicas de optimización, es posible modelar el impacto de estos riesgo en la operación de la empresa y desarrollar estrategias de mitigación que minimicen la pérdidas potenciales. En este sentido, la optimización proporciona un enfoque proactiv para la gestión de riesgos, permitiendo a la empresa anticipar y responder a los cambios e el entorno de manera ágil y eficiente.

Hacia una Gestión Empresarial Basada en la Optimización

La optimización matemática ha demostrado ser una herramienta poderosa en la gestión empresarial, proporcionando un marco sólido para la toma de decisiones en entornos de alta complejidad. Los métodos Lagrangianos y Hamiltonianos, en particular, ofrecen un enfoque robusto y flexible para abordar problemas empresariales con restricciones y dinámicas temporales. Estos métodos no solo permiten a los gestores tomar decisiones más informadas y precisas, sino que también contribuyen a mejorar la eficiencia operativa y a maximizar el valor de la empresa a largo plazo.

A lo largo de este libro, exploraremos en profundidad cómo aplicar estos métodos de optimización en diferentes áreas de la gestión empresarial, desde la planificación de la producción y la gestión financiera, hasta el marketing y la cadena de suministro. Cada capítulo incluirá ejemplos prácticos y estudios de caso, ofreciendo una guía paso a paso para implementar estas técnicas en la práctica. Mi objetivo es que este libro sea una herramienta valiosa para todos aquellos que buscan mejorar sus habilidades en la toma de decisiones empresariales mediante el uso de técnicas avanzadas de optimización.

APLICACIONES PRÁCTICAS Y EJEMPLOS DE OPTIMIZACIÓN EMPRESARIAL

Ejemplo de Éxito: La Optimización en la Cadena de Suministro de Amazon

Uno de los ejemplos más emblemáticos de la optimización en gestión empresarial se encuentra en Amazon, cuya cadena de suministro y sistemas logísticos son considerados entre los más avanzados y eficientes del mundo. La optimización matemática ha sido fundamental en el desarrollo de su modelo de distribución y almacenamiento. Amazon utiliza un modelo de optimización Lagrangiano para equilibrar los costos de almacenamiento con la velocidad de entrega, garantizando que los productos más populares estén siempre cerca de los centros de demanda y listos para una entrega rápida.

Matemáticamente, Amazon enfrenta un problema de optimización con múltiples restricciones: minimizar el costo total de su cadena de suministro CCC, sujeto a la capacidad de almacenamiento SSS, el costo de transporte TTT, y el tiempo de entrega DDD. En este caso, la función objetivo puede expresarse como:

$$\text{Minimizar } C = \sum (S_i + T_i + D_i)$$

, donde SiS_iSi, TiT_iTi, y DiD_iDi son los costos de almacenamiento, transporte y tiempo de entrega para cada producto iii. Usando multiplicadores de Lagrange, Amazon puede integrar restricciones adicionales, como la disponibilidad de inventario y los límites de capacidad en sus centros de distribución, obteniendo soluciones óptimas que minimicen el costo total sin comprometer la rapidez de sus entregas.

Este enfoque ha permitido a Amazon lograr tiempos de entrega récord, como el servicio Prime de entrega en un día o incluso el mismo día. La eficiencia en su logística le ha dado una ventaja competitiva clave que le ha permitido dominar el mercado global de comercio electrónico. Además, el uso de modelos predictivos basados en optimización y aprendizaje automático les permite anticiparse a la demanda, minimizando la probabilidad de productos agotados y mejorando la experiencia del cliente.

Ejemplo de Fracaso: Kodak y la Falta de Optimización en su Estrategia de Innovación

Por otro lado, un ejemplo de fracaso en el uso de técnicas de optimización se observa en el caso de Kodak. En las décadas de 1980 y 1990, Kodak era el líder en la industria de la fotografía, pero fracasó en optimizar su estrategia de innovación, especialmente al no anticipar el cambio hacia la fotografía digital. Kodak disponía de los recursos financieros, humanos y tecnológicos para liderar esta transición; sin embargo, la compañía no aplicó un modelo de optimización dinámico que integrara el cambio en la demanda de sus productos y servicios con el tiempo.

Kodak hubiera implementado una estrategia de optimización dinámica, podría haber maximizado su participación en el mercado de la fotografía digital, ajustando su producción estrategia de marketing conforme aumentaba la demanda de productos digitales. Una formulación matemática Hamiltoniana podría haber ayudado a modelar esta transición considerando el cambio en la demanda y las variaciones en el precio y el costo de sus productos digitales versus análogos. La función objetivo en este caso habría sido maximizar el valor presente neto (VPN) de la compañía en función de la inversión en productos digitales y la disminución progresiva de la demanda de productos analógicos.

Esta función VPN VVV podría formularse como:

$$\text{Maximizar } V = \int_{t=0}^{T} e^{-\rho t}[P(t) - C(t)]\, dt$$

donde P(t)P(t)P(t) representa los ingresos proyectados a lo largo del tiempo, C(t)C(t)C(t) los costos de producción, y ρ\rhoρ es la tasa de descuento que refleja el costo de oportunidad del capital. Mediante una optimización Hamiltoniana, Kodak podría haber anticipado el momento óptimo para reducir su producción de películas analógicas y reinvertir en tecnología digital, mitigando las pérdidas que eventualmente llevaron a su quiebra.

Ejemplo de Optimización en la Planificación de Producción: Toyota

Otro caso exitoso de optimización empresarial es el sistema de producción "Just-In-Time" de Toyota, que revolucionó la industria automotriz en la década de 1980. Este sistema se basa en producir solo lo necesario, en el momento adecuado, minimizando inventarios y reduciendo costos de almacenamiento. La estrategia "Just-In-Time" está diseñada en torno a un modelo de optimización que minimiza los costos de inventario III y los costos de producción PPP, bajo la restricción de satisfacer la demanda del cliente sin demoras significativas.

El problema puede formularse como una función objetivo para minimizar los costos de inventario y producción:

$$\text{Minimizar } Z = \sum (I_i + P_i)$$

, sujeto a la restricción de que la cantidad producida Qi en un tiempo determinado t es igu[al] a la demanda Di para cada producto iii. En términos matemáticos:

$$Q_i(t) = D_i(t), \quad \forall i$$

Toyota también utiliza multiplicadores de Lagrange para evaluar el impacto de los cost[os] asociados con la falta de cumplimiento de la demanda y la capacidad limitada [de] producción. Gracias a este modelo, Toyota ha sido capaz de reducir al mínimo l[os] inventarios sin comprometer la producción, ahorrando millones de dólares y ganando un[a] flexibilidad operativa que le permite adaptarse rápidamente a las fluctuaciones de [la] demanda.

Ejemplo de Optimización de Precios: Apple y el Lanzamiento del iPhone

Un ejemplo reciente de optimización en estrategia de precios es el caso de Apple con [el] lanzamiento de sus modelos de iPhone. Apple utiliza un modelo de optimización de preci[os] basado en el análisis de la disposición a pagar de los consumidores, así como en los cost[os] de producción y el posicionamiento de marca. Este modelo permite a la compañí[a] maximizar sus ingresos al establecer precios diferenciados para diferentes versiones de su[s] productos, como el iPhone básico y el iPhone Pro.

La optimización de precios en este contexto puede formularse matemáticamente como:

$$\text{Maximizar } R = \sum_j P_j \times Q_j$$

donde R representa los ingresos totales, P_j es el precio de cada versión del producto j, y Q_j la cantidad demandada a ese precio. Al aplicar un enfoque de optimización Lagrangiano, Apple puede ajustar sus precios y volúmenes de producción en función de las preferencias del consumidor, la elasticidad de la demanda y los costos de producción. Este modelo de precios ha sido altamente efectivo, permitiendo a Apple capturar una porción significativa del mercado premium y establecer márgenes de ganancia que superan los de la mayoría de sus competidores.

Este enfoque basado en optimización ha ayudado a Apple a mantenerse como líder en innovación y rentabilidad dentro del mercado de smartphones. Además, el modelo permite ajustar los precios de manera dinámica para mantener la competitividad y maximizar el valor percibido por los consumidores.

Los ejemplos anteriores ilustran cómo la optimización Lagrangiana y Hamiltoniana puede ser aplicada en diferentes áreas de la gestión empresarial, desde la cadena de suministro hasta la estrategia de precios. Cada caso demuestra que una correcta implementación de estos métodos puede marcar la diferencia entre el éxito y el fracaso en el entorno empresarial. Empresas como Amazon, Toyota y Apple han demostrado que una estrategia basada en la optimización puede generar ventajas competitivas sostenibles y maximizar los beneficios a largo plazo. Por otro lado, el caso de Kodak subraya la importancia de adaptar estas técnicas a los cambios del mercado para evitar la obsolescencia.

A lo largo de los siguientes capítulos, abordaremos con mayor profundidad cada una de estas técnicas, sus aplicaciones y los pasos detallados para implementar modelos de optimización en la práctica empresarial. La comprensión y aplicación de estas herramientas no solo permitirá a los gestores tomar decisiones más informadas y estratégicas, sino que también contribuirá a mejorar la eficiencia y sostenibilidad de la empresa en el competitivo mundo de los negocios actuales.

CAPÍTULO 2: ESTRATEGIAS DE OPTIMIZACIÓN PARA LA GESTIÓN EMPRESARIAL

I ntroducción a la Optimización Empresarial con Métodos Lagrangianos y Hamiltonianos

En el mundo empresarial, la toma de decisiones estratégicas no es lineal, y las organizaciones deben encontrar formas de navegar múltiples variables y restricciones. Aquí es donde las estrategias de optimización basadas en la teoría Lagrangiana Hamiltoniana resultan poderosas. Inspiradas en principios matemáticos que originalmente buscaron optimizar sistemas físicos, estas técnicas proporcionan un marco para maximizar el valor en un entorno de constantes limitaciones y objetivos en conflicto.

Los métodos Lagrangianos son útiles para resolver problemas que implican restricciones, algo común en decisiones empresariales donde el tiempo, el presupuesto, y los recursos limitados presentan desafíos. En cambio, los métodos Hamiltonianos permiten a las empresas optimizar el flujo de trabajo y maximizar el valor a lo largo del tiempo, lo que resulta crucial para organizaciones con planes de expansión y desarrollo a largo plazo. Veremos cómo ambos enfoques se han integrado en modelos estratégicos empresariales para alcanzar un éxito sostenible, respaldado por ejemplos prácticos de empresas líderes.

1. El Método Lagrangiano en la Optimización de Recursos: Caso Amazon

Amazon es un claro ejemplo de una empresa que ha aplicado principios Lagrangianos para resolver problemas de distribución y optimización de recursos, maximizando el valor en un sistema de restricciones operativas. En logística, Amazon enfrenta limitaciones de capacidad en sus centros de distribución y en su cadena de suministro. Para mejorar la eficiencia, Amazon ha implementado técnicas Lagrangianas que equilibran la demanda del consumidor con la disponibilidad de productos en distintos puntos del proceso, desde el almacenamiento hasta la entrega final.

A nivel técnico, el algoritmo de Lagrange le permite a Amazon minimizar el tiempo de entrega y los costos asociados con la distribución, al tiempo que mantiene una variedad suficiente de productos para satisfacer a los clientes. Amazon maneja múltiples restricciones —geográficas, de inventario, y de disponibilidad de transportistas— y ha creado un modelo donde se optimizan los niveles de inventario y las rutas de envío, ajustándose en tiempo real a las demandas cambiantes del mercado. Este enfoque se ha traducido en una ventaja competitiva para Amazon, permitiéndole mantener su promesa de entregas rápidas y eficaces, lo que ha sido clave en la fidelización de clientes.

La ventaja de utilizar el método Lagrangiano es que permite encontrar una solución óptima incluso en sistemas altamente restrictivos, algo que en el caso de Amazon se traduce en un proceso logístico tan eficiente que es difícil de igualar. Al minimizar las restricciones de inventario y maximizar la velocidad de entrega, Amazon asegura una experiencia de cliente de alto valor y al mismo tiempo optimiza sus costos de operación.

Dinámica Hamiltoniana en la Gestión del Crecimiento de Tesla

La dinámica Hamiltoniana es especialmente útil para empresas que buscan maximizar el valor a lo largo del tiempo. Tesla, con su enfoque en la innovación y la sostenibilidad, es un excelente caso de estudio para entender cómo la optimización Hamiltoniana puede guiar decisiones estratégicas en un horizonte temporal amplio.

Tesla ha utilizado principios similares al modelo Hamiltoniano en sus decisiones sobre producción, investigación y desarrollo (I+D), y expansión de infraestructuras. La empresa busca maximizar no solo la producción de vehículos eléctricos, sino también el desarrollo de nuevas tecnologías en baterías, vehículos autónomos, y generación de energía. Dado que estos proyectos requieren una inversión intensiva y tienen un retorno a largo plazo, Tesla debe gestionar sus recursos de manera que el valor total maximizado a lo largo del tiempo compense la inversión inicial.

En términos prácticos, Tesla utiliza una forma de optimización Hamiltoniana en su proceso de toma de decisiones financieras y operativas. Al considerar factores como la disponibilidad de materiales, la fluctuación en los precios del litio y otros recursos críticos, y la capacidad de producción en sus fábricas, Tesla puede ajustar su enfoque de producción para maximizar el retorno sobre la inversión en diferentes horizontes temporales. Este enfoque se refleja en decisiones como la construcción de sus Gigafábricas, cuyo objetivo es asegurar una producción sostenible y expansiva a lo largo del tiempo, optimizando el flujo de trabajo y el uso de recursos.

Además, la optimización Hamiltoniana le permite a Tesla visualizar y ajustar su estrategia de crecimiento en función del entorno global, adaptándose a las necesidades de los consumidores, las políticas gubernamentales y las innovaciones tecnológicas emergentes. La estrategia de Tesla no es solo de expansión, sino de maximización continua del valor, asegurando que la empresa pueda responder a las dinámicas de mercado y mantenerse competitiva a largo plazo.

3. Estrategias Híbridas: Google y la Gestión de Proyectos de Innovación

Google se ha destacado por su capacidad de gestionar múltiples proyectos de innovación y maximizar el retorno sobre ellos en un contexto de constante cambio. Esta habilidad se basa en una estrategia híbrida que combina principios Lagrangianos y Hamiltonianos. Google optimiza el uso de recursos en proyectos altamente innovadores —como la inteligencia artificial y la computación cuántica— mientras maximiza el valor de su cartera de productos.

En el desarrollo de proyectos, Google enfrenta restricciones como el presupuesto, el personal y la capacidad de investigación. Mediante un enfoque Lagrangiano, la empresa puede asignar estos recursos de manera óptima para cumplir con las restricciones de cada proyecto. Esto es crucial, ya que Google invierte en tecnologías que a menudo requieren largos períodos de investigación antes de generar ingresos.

Por otro lado, en el despliegue de productos y tecnologías al mercado, Google aplic[a] principios Hamiltonianos al planificar la expansión y la adopción de estas tecnologías a [lo] largo del tiempo. Un ejemplo clave es el desarrollo y la expansión de Google Cloud, q[ue] combina un fuerte enfoque en la I+D con una estrategia de penetración progresiva en [el] mercado. Google considera tanto las restricciones actuales de sus recursos como l[as] oportunidades de expansión futura, buscando maximizar la rentabilidad en un period[o] prolongado. Esta estrategia ha posicionado a Google como uno de los líderes en el secto[r] tecnológico, con una estructura de innovación sustentable que le permite adaptarse [y] anticiparse a las necesidades cambiantes del mercado.

4. Aplicación Práctica para Empresas Emergentes

Aunque los casos de Amazon, Tesla y Google se sitúan en una escala empresarial masiv[a,] los principios Lagrangianos y Hamiltonianos pueden ser adaptados por empresas de men[or] tamaño. Para una startup o una pyme, aplicar estos principios requiere un enfoqu[e] pragmático y una visión estratégica clara. A continuación, presentamos una serie de paso[s] para que empresas emergentes puedan aprovechar estas técnicas de optimización en s[u] proceso de toma de decisiones:

1. **Identificar las restricciones clave**: Analiza las limitaciones de recursos com[o] el capital, el tiempo y el talento, e identifica cuáles son los factores críticos qu[e] limitan tus objetivos.
2. **Formular el problema de optimización**: Plantea tus objetivos en términ[os] cuantificables, como el número de clientes a adquirir, el costo de adquisición [y] el margen de ganancia.
3. **Asignar recursos de forma óptima**: Basándote en la formulación Lagrangian[a,] distribuye tus recursos de manera que puedas maximizar el rendimient[o] mientras respetas las restricciones establecidas.
4. **Adoptar una perspectiva temporal**: Utiliza un enfoque similar a[l] Hamiltoniano para planificar a largo plazo, considerando cómo tus decisione[s] afectarán el crecimiento y la rentabilidad futura de la empresa.
5. **Adaptar y reevaluar continuamente**: A medida que cambian las condicione[s] del mercado, ajusta tu estrategia para maximizar el valor en función de lo[s] nuevos datos y las oportunidades emergentes.

Optimización Matemática como Pilar Estratégico

La integración de técnicas Lagrangianas y Hamiltonianas en la estrategia empresaria[l] representa un enfoque sofisticado para maximizar el valor bajo restricciones y a lo larg[o] del tiempo. Los ejemplos de Amazon, Tesla y Google muestran cómo estos principio[s] pueden aplicarse con éxito en empresas de distintos sectores y tamaños, optimizando n[o] solo el uso de recursos, sino también la sostenibilidad y el crecimiento a largo plazo.

Para las empresas modernas, esta perspectiva ofrece una ventaja competitiva significativ[a,] al permitirles tomar decisiones informadas y maximizar el retorno de inversión baj[o] cualquier restricción operativa. Al adaptarse a este enfoque, las organizaciones están mejo[r] osicionadas para enfrentar los desafíos de un mercado complejo y obtener resultados xitosos que trasciendan el tiempo.

ara aplicar un análisis FODA (Fortalezas, Oportunidades, Debilidades y Amenazas) del nfoque de optimización Lagrangiano y Hamiltoniano en la gestión empresarial, se hace ecesario observar el panorama actual y proyectar sus implicancias futuras. Este análisis se asa en las tendencias de éxito observadas en empresas líderes como Amazon, Tesla y oogle, que han empleado principios matemáticos avanzados en su estrategia empresarial. continuación, se presenta una evaluación exhaustiva y estructurada de estos modelos, esglosando los elementos internos (Fortalezas y Debilidades) y externos (Oportunidades Amenazas) que impactan su implementación en el contexto de optimización empresarial.

ortalezas

Capacidad de Optimización Integral de Recursos

a optimización Lagrangiana y Hamiltoniana en la gestión de recursos proporciona una entaja significativa al maximizar el valor dentro de los límites de tiempo, capital y ecursos humanos. Empresas como Amazon han optimizado su logística para reducir ostos operativos y tiempos de entrega, adaptándose a fluctuaciones en la demanda con ran precisión. Al aplicar algoritmos avanzados, Amazon ha reducido los tiempos de ntrega en un 23% y ha logrado un crecimiento del 15% anual en su capacidad de istribución . Este nivel de optimización permite a las organizaciones responder de forma gil a las demandas del mercado y a las expectativas de los consumidores, lo que es crucial ara lograr una experiencia de cliente superior y mantener una ventaja competitiva.

. Sustentabilidad a Largo Plazo en Decisiones Estratégicas

l modelo Hamiltoniano facilita decisiones empresariales con vistas al futuro, maximizando l valor en un horizonte temporal extendido. Tesla, al priorizar la innovación en energías enovables y en sus infraestructuras de Gigafábricas, ha aplicado principios Hamiltonianos ara asegurar una rentabilidad proyectada a 20 años o más, especialmente en un mercado olátil y en transición energética. Su estrategia de expansión ha incrementado su apitalización de mercado a más de $800 mil millones en 2024, y la empresa ahora lidera el ector automotriz en valor acumulado y compromiso ambiental . Este enfoque de ptimización permite a las empresas una adaptación eficiente ante los cambios egulatorios y sociales, consolidando su crecimiento de manera sostenible.

3. Adaptabilidad de los Modelos a Diversas Industrias

os principios de optimización son adaptables y aplicables a diversos sectores. La apacidad de personalización de estas herramientas las hace viables tanto para empresas mergentes como para grandes corporaciones en diferentes industrias, desde logística y ecnología hasta producción automotriz y servicios financieros. Por ejemplo, Google ha plicado estos modelos en su desarrollo de productos innovadores como Google Cloud, daptando sus recursos y objetivos de I+D a las exigencias del mercado global de tecnología en la nube, estimado en $832 mil millones para 2025. Esta adaptabilidad convierte a los modelos Lagrangianos y Hamiltonianos en herramientas clave para empresas que desean escalar, diversificar su oferta o enfrentar un entorno de competencia dinámica.

Debilidades

1. Complejidad y Costo de Implementación

La implementación de métodos de optimización basados en modelos matemáticos avanzados requiere una infraestructura sólida y recursos significativos. Muchas empresas, en particular las pymes y startups, enfrentan barreras al adoptar estos métodos debido a su complejidad técnica y a la inversión inicial que conlleva. Los costos de infraestructura, capacitación y consultoría pueden llegar a los $500,000 anuales, un gasto considerable para negocios en etapas de crecimiento. Esta complejidad técnica limita el acceso a estas herramientas, dado que la optimización matemática demanda talento altamente especializado y una integración adecuada con los sistemas de gestión de datos.

2. Dependencia de Datos de Alta Calidad y Procesos de Monitoreo Continuo

El éxito de estos modelos depende en gran medida de la disponibilidad de datos precisos y en tiempo real. La falta de datos precisos o actualizados puede conducir a resultados subóptimos o incluso a decisiones erróneas. Para empresas como Amazon y Google, que operan con grandes volúmenes de datos y múltiples variables, la precisión de los datos es crucial para mantener la eficiencia de los modelos Lagrangianos y Hamiltonianos. Sin embargo, en sectores donde el acceso a datos es limitado, como en mercados emergentes o en pymes, la aplicación de estos modelos podría no reflejar la realidad, afectando la precisión de las predicciones y limitando su utilidad estratégica.

3. Riesgo de Saturación y Rendimientos Decrecientes

En mercados altamente competitivos, la implementación generalizada de estrategias de optimización puede reducir el impacto diferencial que estos modelos ofrecen. A medida que más empresas adoptan estos enfoques, la ventaja competitiva disminuye, llevando a una saturación del mercado. En sectores como el comercio electrónico, la logística optimizada ya es una expectativa mínima de los consumidores, y empresas como Amazon necesitan innovar constantemente para mantener su ventaja. La optimización intensiva puede llegar a un punto de rendimientos decrecientes, donde los costos de mejorar marginalmente la eficiencia superan los beneficios esperados, limitando la utilidad a largo plazo de estos modelos en un entorno de competencia madura.

Oportunidades

1. Creciente Demanda de Procesos Eficientes y Sostenibles

Con la demanda en aumento por operaciones empresariales sostenibles y eficientes, las estrategias de optimización basadas en métodos Lagrangianos y Hamiltonianos están alineadas con los objetivos de sostenibilidad corporativa. Las políticas gubernamentales y el cambio en la percepción del consumidor están incentivando a las empresas a reducir su impacto ambiental. Tesla, por ejemplo, ha capitalizado esta tendencia al aplicar optimización en el desarrollo de tecnologías sostenibles, atrayendo a un segmento de consumidores consciente de la huella de carbono y logrando aumentar sus ingresos un 40% en 2023 . Esto crea una oportunidad significativa para que las empresas inviertan en innovación verde, maximizando la eficiencia y el atractivo de mercado.

2. Expansión de la Inteligencia Artificial y el Aprendizaje Automático en Optimización

La creciente implementación de IA y aprendizaje automático amplía las posibilidades de integración con los modelos de optimización. Al combinar optimización matemática con IA, las empresas pueden refinar sus predicciones y automatizar procesos, mejorando aún más la toma de decisiones. La industria de la inteligencia artificial se proyecta alcanzar los $407 mil millones para 2027 , un claro indicador de que las empresas tienen la oportunidad de explotar esta tecnología para mejorar sus modelos de optimización. La implementación de IA para el ajuste dinámico en tiempo real de parámetros de optimización permite a las empresas adaptar sus estrategias de manera continua y precisa.

3. Nuevas Aplicaciones en el Sector Financiero y de Consultoría

El sector financiero es otro beneficiario potencial de los modelos de optimización Lagrangianos y Hamiltonianos. Las estrategias de gestión de riesgos pueden perfeccionarse mediante el uso de estas técnicas, lo que permite a las instituciones financieras optimizar la asignación de capital y maximizar el retorno ajustado por riesgo. En consultoría, la capacidad de asesorar en decisiones estratégicas complejas utilizando estos métodos representa una ventaja competitiva. El uso de estos modelos para evaluar el riesgo y rendimiento potencial de inversiones complejas o la creación de fondos de inversión optimizados con base en estos principios es una oportunidad prometedora que puede generar nuevas líneas de ingresos en el sector.

Amenazas

1. Vulnerabilidad a Cambios Regulatorios

El cumplimiento normativo es un desafío constante para empresas que utilizan técnicas avanzadas de optimización. La complejidad de los modelos puede llevar a un incumplimiento involuntario, lo que afecta la reputación y la viabilidad de estas técnicas. Regulaciones en torno a la privacidad de los datos, como el Reglamento General de Protección de Datos (GDPR) en Europa, limitan el uso de datos en modelos de optimización. Las restricciones en el acceso y uso de datos personales pueden obstaculizar la capacidad de adaptación en tiempo real, poniendo en riesgo el valor de estas herramientas en entornos altamente regulados, y aumentando los costos de cumplimiento.

2. Creciente Riesgo Cibernético

El uso intensivo de datos y la implementación de modelos de optimización complejo conlleva un aumento en el riesgo de ciberataques. Los modelos de optimización basados e datos están expuestos a amenazas de ciberseguridad, ya que los datos sensibles y l propiedad intelectual se convierten en objetivos atractivos para los cibercriminales. Segú estimaciones, los ciberataques a empresas aumentaron en un 15% anual desde 2020, y lo costos de estos incidentes pueden ser devastadores para una organización. La dependenci de datos de alta calidad en estos modelos de optimización implica una exposició significativa, por lo que las empresas deben invertir en seguridad digital, lo que podrí aumentar los costos operativos y reducir el rendimiento general de la inversión e optimización.

3. Competencia en Rápida Expansión

La adopción de modelos de optimización avanzados ha llevado a una competenci acelerada en sectores clave, como la logística, tecnología y servicios financieros. A medid que empresas de todos los tamaños invierten en optimización matemática y tecnología d IA, la diferenciación se vuelve cada vez más difícil. Además, la innovación acelerada reduc el ciclo de vida de las ventajas competitivas obtenidas mediante optimización, por lo qu las empresas deben innovar constantemente para mantenerse a la vanguardia. Est entorno de competencia rápida podría transformar la optimización matemática en un necesidad básica, limitando su capacidad para proporcionar una ventaja competitiv duradera.

La aplicación de modelos de optimización Lagrangianos y Hamiltonianos en la gestió empresarial representa una poderosa herramienta para maximizar el valor y la eficienci en un contexto global altamente competitivo. Las fortalezas de estos modelos residen en s capacidad para maximizar recursos y sostenibilidad, mientras que su adaptabilida permite aplicaciones en diversas industrias. Sin embargo, la complejidad y los costos d implementación, junto con la dependencia de datos precisos, presentan desafío importantes. En un entorno externo, existen grandes oportunidades de crecimiento en IA sostenibilidad, mientras que las amenazas incluyen el riesgo regulatorio y la competenci acelerada.

En última instancia, los modelos Lagrangianos y Hamiltonianos ofrecen un marco robust para enfrentar los desafíos y aprovechar las oportunidades del mercado moderno. La empresas que puedan navegar estos modelos, asumiendo el compromiso de adaptarse a u entorno en constante cambio, tendrán una ventaja competitiva significativa y podrá establecer un estándar de eficiencia y resiliencia en la era digital.

Aspecto	Descripción	Datos Relevantes
Fortalezas	1. **Capacidad de optimización integral de recursos**: Optimización para maximizar valor en tiempo, capital y recursos humanos.	Reducción de costos operativos y tiempos de entrega en un 23% para Amazon.
	2. **Sustentabilidad en decisiones estratégicas**: Decisiones con visión a largo plazo para asegurar rentabilidad en mercados volátiles.	Tesla lidera el mercado automotriz con una capitalización de más de $800 mil millones.
	3. **Adaptabilidad en diversas industrias**: Modelos aplicables desde logística hasta finanzas y tecnología.	Google ha capitalizado la demanda en la nube, estimada en $832 mil millones para 2025.
Debilidades	1. **Complejidad y costo de implementación**: Requiere infraestructura y capacitación especializada, costosa para pymes y startups.	Costos de implementación: hasta $500,000 anuales.
	2. **Dependencia de datos de alta calidad**: Necesidad de datos precisos para resultados óptimos; limitado en sectores con menos acceso a datos.	Empresas altamente dependientes de datos como Amazon y Google tienen dificultades en regiones con menos disponibilidad de datos.
	3. **Riesgo de saturación en mercados competitivos**: La adopción generalizada puede reducir el impacto diferencial de estos modelos.	En sectores como el comercio electrónico, la logística optimizada se ha convertido en estándar mínimo.
Oportunidades	1. **Demanda de procesos eficientes y sostenibles**: Enfoque en sustentabilidad alineado con expectativas sociales y regulatorias.	Tesla aumentó sus ingresos un 40% en 2023 al centrarse en tecnología verde.
	2. **Expansión de IA y aprendizaje automático**: IA mejora la precisión y automatización en tiempo real de los modelos de optimización.	Se estima que la IA generará $407 mil millones para 2027.

	3. **Nuevas aplicaciones en finanzas y consultoría**: Potencial de estos modelos para gestión de riesgos y asesoría estratégica en finanzas y consultoría.	Fondos de inversión optimizados gestión de riesgo con principios d optimización pueden representa nuevas líneas de negocio.
Amenazas	1. **Vulnerabilidad a cambios regulatorios**: Normativas de privacidad de datos pueden afectar el acceso a datos necesarios para los modelos.	El Reglamento GDPR en Europ limita el uso de datos personale incrementando los costos d cumplimiento.
	2. **Riesgo cibernético**: Dependencia de datos y modelos avanzados los hace vulnerables a ciberataques.	Ciberataques aumentaron un 15% anual desde 2020, con costo significativos para las empresa afectadas.
	3. **Competencia acelerada**: Rápida adopción en múltiples sectores reduce el tiempo de ventaja competitiva.	Optimización intensiva se vuelv esencial en sectores como l. logística, donde la diferenciación e cada vez más difícil.

CAPÍTULO 3: INTERACCIÓN DE ESTRATEGIAS LAGRANGIANAS Y HAMILTONIANAS CON MODELOS INTERDISCIPLINARIOS EN LA GESTIÓN EMPRESARIAL DIGITAL

La era digital ha cambiado fundamentalmente cómo las empresas planean, ejecutan y optimizan sus estrategias. Con la irrupción de tecnologías como la inteligencia artificial, el big data, el internet de las cosas y los sistemas de blockchain, el panorama empresarial se vuelve cada vez más complejo y desafiante. Para navegar esta complejidad, las empresas deben adoptar enfoques de gestión que no solo sean innovadores, sino también rigurosos y adaptables. Las metodologías Lagrangiana y Hamiltoniana, nacidas de la física y las matemáticas, ofrecen un marco de optimización poderoso que puede elevar la toma de decisiones a niveles más altos de precisión y adaptabilidad. Sin embargo, para maximizar su impacto, estos enfoques deben integrarse con modelos interdisciplinarios que aborden aspectos económicos, psicológicos y tecnológicos. Este capítulo explora cómo la interacción entre estos métodos y los modelos interdisciplinarios puede convertirse en una herramienta fundamental en la gestión de empresas digitales, proporcionando una ventaja competitiva en un mundo de constante evolución.

La Convergencia de Estrategias Matemáticas y Modelos Interdisciplinarios

La integración de las estrategias Lagrangiana y Hamiltoniana en la gestión empresarial no implica simplemente trasladar conceptos de la física y las matemáticas al ámbito empresarial. Se trata de encontrar la sinergia entre enfoques formales de optimización y modelos provenientes de otras disciplinas como la economía, la psicología y la tecnología. En una empresa digital, la gestión eficiente del tiempo, los recursos y el flujo de información es crucial, y los métodos de Lagrange y Hamilton ayudan a optimizar estos elementos de forma dinámica. Los modelos interdisciplinarios enriquecen este proceso, proporcionando una perspectiva holística que toma en cuenta no solo los números, sino también los comportamientos humanos y las fluctuaciones tecnológicas. Por ejemplo, un modelo económico puede aportar una estructura para evaluar el impacto de la inflación en las decisiones de inversión, mientras que un modelo psicológico puede ayudar a anticipar las reacciones de los consumidores a cambios en los productos o servicios.

Al combinar los principios de optimización matemática con modelos interdisciplinarios, la empresas logran una visión más integral de su entorno, lo que les permite tomar decision más informadas y adaptarse con mayor rapidez a las transformaciones del mercado digita En última instancia, esta convergencia de estrategias les brinda la capacidad de prever problemas, mitigar riesgos y maximizar oportunidades en tiempo real, convirtiéndose en un motor de innovación y eficiencia.

Aplicaciones de la Estrategia Lagrangiana en Modelos de Negocios Interdisciplinarios

La estrategia Lagrangiana permite encontrar soluciones óptimas al minimizar o maximiza funciones bajo ciertas restricciones. En el contexto de la gestión empresarial, esto significa que podemos identificar las combinaciones óptimas de recursos que maximizan el rendimiento financiero o la satisfacción del cliente, sujetas a las limitaciones inherentes de negocio, como el presupuesto, el tiempo o el talento humano disponible. Al integrar esta estrategia en modelos interdisciplinarios, la empresa puede optimizar su enfoque en vario niveles, alineando sus objetivos financieros con factores humanos y tecnológicos.

Por ejemplo, consideremos una empresa que necesita optimizar su inventario en función de la demanda fluctuante en una economía incierta. La estrategia Lagrangiana podría ayudar a esta empresa a calcular el inventario óptimo que minimiza los costos mientras maximiza la disponibilidad de productos para los clientes, con restricciones como el almacenamiento, el presupuesto y los plazos de entrega. Al integrar un modelo económico que analice tendencias de consumo y un modelo psicológico que considere patrones de compra de los clientes, la empresa podría afinar su estrategia de inventario de forma que no solo minimice costos, sino que también maximice la satisfacción del cliente.

En el caso de la gestión de proyectos, la estrategia Lagrangiana puede ayudar a identificar los puntos críticos que afectan el cronograma y los recursos del proyecto. Al aplicar la función Lagrangiana en combinación con modelos de productividad y comportamiento humano, los gestores de proyectos pueden anticiparse a problemas de desempeño o desmotivación dentro del equipo, implementando soluciones proactivas que mantengan al equipo en un estado óptimo de rendimiento. Esta sinergia permite un equilibrio entre las metas de negocio y las necesidades de los empleados, reduciendo el riesgo de burnout y mejorando la eficiencia.

Estrategia Hamiltoniana en la Toma de Decisiones Dinámicas

El enfoque Hamiltoniano, en cambio, se orienta hacia la toma de decisiones en sistemas dinámicos, ofreciendo una estructura para evaluar cómo las decisiones actuales afectarán al futuro. En la era digital, donde los cambios suceden a velocidades sin precedentes, este enfoque es especialmente valioso. La estrategia Hamiltoniana puede aplicarse a la planificación financiera, permitiendo a las empresas proyectar los efectos de sus decisione de inversión en el tiempo, incluso en condiciones de incertidumbre. Al combinar este enfoque con modelos de análisis de datos y aprendizaje automático, las empresas pueden prever posibles trayectorias de mercado y ajustar sus estrategias de inversión o expansión de manera más efectiva.

Imaginemos que una empresa de tecnología necesita decidir si expandir sus operaciones a un mercado emergente. La estrategia Hamiltoniana permite evaluar el impacto a largo plazo de esta decisión considerando factores como la inversión inicial, los costos de mantenimiento y los ingresos proyectados. Al incorporar un modelo económico que analice el crecimiento del mercado en esa región, así como un modelo tecnológico que evalúe la infraestructura digital disponible, la empresa puede prever mejor los riesgos y oportunidades. Este enfoque interdisciplinario no solo facilita una planificación más precisa, sino que también permite ajustes proactivos que mantienen la competitividad de la empresa.

Además, en el campo de la gestión del riesgo, la estrategia Hamiltoniana resulta particularmente útil al analizar cómo las decisiones actuales pueden amplificar o mitigar riesgos futuros. Las empresas digitales enfrentan riesgos diversos, como la obsolescencia tecnológica, las ciberamenazas y las fluctuaciones del mercado. Al emplear la estrategia Hamiltoniana junto con modelos de riesgo y análisis de big data, las empresas pueden anticipar y mitigar los impactos negativos de estos riesgos, desarrollando estrategias de contingencia robustas que minimicen las pérdidas y garanticen la continuidad del negocio.

Creando un Ecosistema de Gestión Empresarial Basado en la Optimización

El verdadero valor de combinar las estrategias Lagrangiana y Hamiltoniana con modelos interdisciplinarios se revela cuando estos elementos se integran en un ecosistema de gestión empresarial coherente. Este ecosistema combina la optimización matemática con conocimientos prácticos de economía, psicología y tecnología, permitiendo una toma de decisiones más informada y adaptativa. En la práctica, este enfoque interdisciplinario y optimizado crea un círculo virtuoso donde cada decisión mejora el rendimiento y la resiliencia de la empresa, preparándola para enfrentar futuros desafíos con confianza.

Un ejemplo claro de esto es la aplicación de estos principios en la cadena de suministro. Mediante la estrategia Lagrangiana, la empresa puede calcular el costo óptimo de producción y transporte para satisfacer la demanda, mientras que con la estrategia Hamiltoniana puede proyectar el impacto de variaciones en la demanda y ajustar sus procesos para minimizar costos futuros. Integrar estos cálculos con modelos económicos que analicen tendencias de precios de materias primas y con modelos de comportamiento del consumidor permite a la empresa construir una cadena de suministro flexible y eficiente que responde rápidamente a los cambios del mercado.

De igual manera, en el desarrollo de productos, la combinación de estos enfoques con modelos interdisciplinarios permite a la empresa anticipar la evolución de las preferencias de los clientes y adaptar sus productos en consecuencia. Un enfoque interdisciplinario podría incluir un modelo psicológico que identifique las tendencias de comportamiento del cliente y un modelo de inteligencia artificial que analice patrones de compra en tiempo real. Este ecosistema de gestión empresarial orientado a la optimización permite no solo maximizar el valor de cada inversión, sino también adaptar rápidamente las estrategias de marketing y ventas para asegurar el éxito del producto.

Perspectivas Futuras: La Gestión Empresarial en la Era de la Inteligencia Artificial y la Computación Cuántica

A medida que las empresas digitales continúan evolucionando, la integración de estrategia Lagrangiana y Hamiltoniana con modelos interdisciplinarios tendrá un impacto aún más profundo en la toma de decisiones. Con el auge de la inteligencia artificial y la computación cuántica, estas estrategias podrían adaptarse para manejar flujos de datos en tiempo real y resolver problemas de optimización complejos en fracciones de segundo. Esto permitirá a las empresas digitales tomar decisiones de forma prácticamente instantánea, basadas en datos altamente precisos y análisis predictivos.

Por ejemplo, en el futuro cercano, una empresa podría utilizar algoritmos cuánticos para optimizar su estrategia de precios en tiempo real, considerando no solo los costos y la demanda, sino también variables externas como la geopolítica o el clima, que podrían afectar el comportamiento de compra de los clientes. Integrando esto con modelos psicológicos y económicos, la empresa podría ajustar sus precios al instante, maximizando las ventas y la rentabilidad en todo momento. Esta capacidad de adaptación y optimización dinámica posicionará a las empresas que adopten este enfoque a la vanguardia de la competitividad en la era digital.

Hacia una Gestión Empresarial más Inteligente y Adaptativa

La interacción entre estrategias Lagrangiana y Hamiltoniana con modelos interdisciplinarios en la gestión empresarial digital abre un mundo de posibilidades para optimizar cada aspecto de la operación de una empresa. Este enfoque permite no solo maximizar los beneficios a corto plazo, sino también construir una base sólida para el éxito sostenible a largo plazo. En un entorno donde la adaptabilidad y la eficiencia son esenciales, esta combinación interdisciplinaria ofrece a las empresas una ventaja competitiva, permitiéndoles tomar decisiones más informadas, adaptarse con rapidez y crear valor en un mercado en constante cambio.

A medida que continuamos avanzando en la era digital, es probable que esta sinergia entre matemáticas, economía, psicología y tecnología se vuelva aún más fundamental para el éxito empresarial.

Caso 1: Optimización de la Cadena de Suministro en una Empresa de Comercio Electrónico Internacional

Imaginemos una empresa de comercio electrónico que opera a nivel mundial y vende productos tecnológicos de alta demanda. Este negocio enfrenta desafíos logísticos constantes, como el control de inventarios, la variación en los costos de transporte, y los retrasos en las entregas a causa de problemas internacionales o fluctuaciones de mercado. Estos factores crean una necesidad de optimización compleja y una capacidad de respuesta dinámica para satisfacer la demanda del cliente y mantener los costos de operación en niveles mínimos.

Aplicación de la Estrategia Lagrangiana:

Para abordar los desafíos logísticos, la empresa decide aplicar la estrategia Lagrangiana en su modelo de gestión de la cadena de suministro. Con esto, la empresa formula un sistema de ecuaciones que optimiza el inventario y los recursos, minimizando los costos de almacenamiento y transporte. La función Lagrangiana permite a la empresa identificar el equilibrio perfecto entre el inventario disponible y la demanda proyectada, considerando restricciones como la capacidad de almacenamiento en sus bodegas internacionales, el costo de transporte y las regulaciones de importación y exportación en cada país.

Para el diseño de este modelo, los analistas combinan datos históricos de ventas y factores de demanda en función de la temporada. Este enfoque les ayuda a definir restricciones que limitan la cantidad de inventario máximo en cada centro de distribución, lo que previene acumulaciones innecesarias y reduce los costos de almacenamiento. Además, al integrar modelos económicos de proyección de demanda, la empresa puede anticipar picos en ciertas épocas del año (como la temporada de regreso a clases o las fiestas) y ajustar el inventario sin sacrificar la satisfacción del cliente.

Aplicación de la Estrategia Hamiltoniana:

Para los aspectos dinámicos y de proyección a futuro, la empresa implementa la estrategia Hamiltoniana. Esto les permite proyectar los efectos de sus decisiones en el largo plazo y realizar ajustes en tiempo real, por ejemplo, reaccionando a retrasos inesperados en el transporte o a cambios abruptos en los costos de envío. Mediante este enfoque, la empresa puede calcular el impacto de un aumento en los costos de transporte internacional, evaluando si es más rentable absorber esos costos o ajustarlos en el precio final del producto.

A su vez, integran un modelo de análisis de big data que recopila información de los proveedores, las rutas de transporte y los patrones de entrega, lo que les permite prever posibles retrasos o cuellos de botella en la cadena de suministro. El análisis de estos datos les permite hacer ajustes de manera inmediata, anticipando problemas antes de que afecten la entrega de productos. Esto no solo mejora la eficiencia operativa, sino que también garantiza una experiencia óptima para el cliente, que recibe sus productos en el menor tiempo posible.

Resultados y Beneficios:

Gracias a la combinación de estrategias Lagrangiana y Hamiltoniana con modelos económicos y de big data, la empresa logra mantener un control de inventario más eficiente y minimizar los costos logísticos en un 15%, mientras que mejora su capacidad de respuesta ante cambios en la demanda. Esto les permite competir de manera efectiva en el mercado global y fortalecer su marca como un proveedor confiable. Además, al optimizar su cadena de suministro, la empresa reduce su huella de carbono y refuerza su compromiso con la sostenibilidad, lo cual es cada vez más importante para los consumidores actuales.

Caso 2: Estrategia de Expansión de Mercado para una Empresa de Software de Inteligencia Artificial

Una empresa de desarrollo de software de inteligencia artificial (IA) que opera en América del Norte está considerando expandirse a Europa y Asia, pero enfrenta desafíos significativos en cuanto a los costos y regulaciones del nuevo mercado. Dado que las leyes de protección de datos son especialmente estrictas en regiones como Europa (por ejemplo, el Reglamento General de Protección de Datos, o GDPR), la empresa necesita tomar decisiones estratégicas para minimizar riesgos y maximizar el retorno sobre su inversión en estos nuevos territorios.

Aplicación de la Estrategia Lagrangiana:

En este caso, la empresa utiliza la estrategia Lagrangiana para optimizar los recursos destinados a la expansión, maximizando el impacto en el mercado mientras se minimizan los costos de cumplimiento y marketing. La empresa construye una función Lagrangiana que incluye las restricciones del presupuesto para marketing, los costos de adaptación del software para cumplir con las regulaciones locales y los recursos humanos necesarios para implementar y mantener el software en cada país.

Integran además un modelo interdisciplinario que incluye análisis económicos de cada país y datos demográficos que les ayudan a identificar los segmentos de mercado más rentable en cada región. Por ejemplo, en Europa, identifican que el segmento de empresas tecnológicas medianas es el más probable de adoptar su software debido a sus necesidades específicas de IA y análisis de datos. Esto les permite destinar sus recursos de marketing y ventas de manera más efectiva, enfocándose en clientes potenciales con mayor posibilidad de conversión y retorno.

Aplicación de la Estrategia Hamiltoniana:

Con la estrategia Hamiltoniana, la empresa proyecta cómo afectará esta expansión en sus operaciones y flujo de caja en el tiempo, permitiéndole tomar decisiones ajustadas a la demanda del mercado. Mediante simulaciones, logran proyectar posibles escenarios en caso de fluctuaciones en la demanda o cambios en la regulación de datos en Europa y Asia. Esto les permite evaluar si los beneficios de la expansión justifican la inversión inicial, ajustando su estrategia de crecimiento a largo plazo según los resultados proyectados.

A través de la integración de modelos de análisis de datos y simulaciones, el equipo de expansión identifica áreas donde pueden generar una ventaja competitiva, como el desarrollo de características específicas para el mercado europeo. Utilizan además modelos psicológicos que analizan las preferencias de los usuarios en cada región, permitiéndoles adaptar la interfaz de usuario y las funcionalidades del software a los estándares culturales y regulatorios locales.

Resultados y Beneficios:

Esta combinación interdisciplinaria de estrategias Lagrangiana y Hamiltoniana permite a la empresa optimizar su presupuesto de expansión, minimizar riesgos regulatorios y enfocar su marketing en segmentos específicos. Como resultado, logran una mayor tasa de adopción en menos tiempo y, en lugar de agotar recursos en una expansión costosa y generalizada, alcanzan un retorno sobre la inversión de un 20% en el primer año. Además, éxito en la entrada a estos nuevos mercados refuerza la imagen de la empresa como líder en inteligencia artificial, allanando el camino para futuras expansiones globales.

Caso 3: Gestión de Recursos Humanos y Productividad en una Empresa de Desarrollo de Videojuegos

Una empresa de desarrollo de videojuegos enfrenta el reto de optimizar la productividad de sus equipos en un entorno altamente creativo y exigente, donde los desarrolladores, diseñadores y artistas trabajan bajo presión para cumplir plazos ajustados. La empresa desea optimizar la asignación de recursos humanos y reducir el burnout, al mismo tiempo que busca maximizar la creatividad y la innovación de sus equipos para diferenciarse en un mercado competitivo.

Aplicación de la Estrategia Lagrangiana:

Para equilibrar el rendimiento y la salud mental de sus empleados, la empresa aplica la estrategia Lagrangiana en su modelo de gestión de recursos humanos. Diseñan una función Lagrangiana que optimiza el tiempo de trabajo y descanso, el número de proyectos activos y los recursos dedicados a cada uno, bajo restricciones como el límite de horas laborales semanal y el presupuesto destinado a beneficios para el equipo.

Además, integran modelos psicológicos para identificar los factores que motivan a los empleados y minimizan el riesgo de burnout. Este enfoque les permite encontrar un equilibrio en la asignación de tareas que maximiza la productividad sin comprometer el bienestar del equipo. Por ejemplo, descubren que alternar semanas de alta intensidad con semanas de trabajo menos exigente reduce significativamente los niveles de estrés y mejora el rendimiento a largo plazo. De esta manera, la estrategia Lagrangiana no solo mejora la eficiencia de la empresa, sino que también crea un ambiente de trabajo más saludable y atractivo para el talento creativo.

Aplicación de la Estrategia Hamiltoniana:

Para los aspectos dinámicos de la gestión de talento y la productividad, la empresa implementa la estrategia Hamiltoniana. Este enfoque les permite proyectar el impacto de sus decisiones de asignación de recursos humanos y tiempo en el desarrollo de proyectos a lo largo del tiempo, evaluando cómo los cambios en los cronogramas afectan la moral y el rendimiento del equipo en el futuro.

Al integrar modelos de análisis de datos que miden la productividad en función del tiempo y las horas de descanso, la empresa puede ajustar los horarios de trabajo y descanso en función de los picos de productividad. Este enfoque adaptativo les permite anticipar y mitigar el riesgo de agotamiento en el equipo, al tiempo que mantienen un alto nivel de calidad en el desarrollo de sus videojuegos. También implementan modelos interdisciplinarios que incluyen estudios de comportamiento organizacional, ayudando a los líderes de proyecto a adaptar su gestión a las preferencias y estilos de trabajo de los miembros del equipo.

Resultados y Beneficios:
La combinación de las estrategias Lagrangiana y Hamiltoniana con modelos psicológicos y de análisis de datos permite a la empresa optimizar sus procesos creativos y mejorar la eficiencia sin sacrificar el bienestar del equipo. Esto se traduce en una reducción del 25% en el tiempo de desarrollo de sus videojuegos y una mejora en la retención de talento creativo, ya que los empleados perciben un ambiente de trabajo saludable y motivador. Además, la calidad del producto final se beneficia de la innovación constante y de la dedicación del equipo, lo que genera una ventaja competitiva en el mercado de videojuegos.

Los principales desafíos de aplicar estrategias Lagrangiana y Hamiltoniana en combinación con modelos interdisciplinarios para la gestión empresarial en la era digital pueden dividirse en cuatro grandes áreas: complejidad de implementación, adaptación a la rápida evolución tecnológica, necesidad de capacidades interdisciplinarias y ética en la toma de decisiones. Estos desafíos afectan tanto la viabilidad como la efectividad de estas estrategias en el futuro, y requieren soluciones innovadoras para mantenerse competitivas y sostenibles. A continuación, se detallan cada uno de estos desafíos:

1. Complejidad de Implementación

La naturaleza de las estrategias Lagrangiana y Hamiltoniana, al requerir modelos matemáticos avanzados, representa un desafío considerable para la mayoría de las organizaciones, especialmente aquellas que no están familiarizadas con el uso de matemáticas aplicadas en la toma de decisiones. En términos prácticos, la implementación de estos modelos requiere personal altamente capacitado en matemáticas, ciencias de datos, y programación, así como herramientas de software avanzadas.

Desafíos específicos:
- **Modelación Compleja:** El proceso de construir y validar modelos matemáticos que incluyan todas las variables relevantes de un entorno empresarial es extremadamente complejo y demanda un conocimiento profundo de la industria.
- **Integración de Datos:** A medida que los sistemas empresariales recopilan datos de múltiples fuentes (clientes, proveedores, departamentos internos, etc.) la integración de estos datos en un modelo matemático se vuelve cada vez más difícil.
- **Costos y Recursos:** La implementación de estos modelos requiere recursos financieros y tecnológicos considerables, además de un equipo técnico calificado, lo que puede ser un obstáculo para las empresas de menor tamaño.

Perspectiva futura: La automatización y el desarrollo de software que simplifique la creación de modelos complejos podrían ayudar a superar este desafío en los próximos años. Sin embargo, la curva de aprendizaje para el personal y el tiempo necesario para implementar tales soluciones seguirán siendo considerables.

2. Adaptación a la Evolución Tecnológica y Cambios en el Entorno Digital

La velocidad de cambio en la tecnología digital es vertiginosa, y los modelos basados en principios de optimización pueden volverse rápidamente obsoletos si no se ajustan a nuevas variables y datos emergentes. La era digital está marcada por tecnologías disruptivas como la inteligencia artificial, la computación cuántica, y el aprendizaje automático, que transforman los modelos de negocio a un ritmo acelerado.

Desafíos específicos:

- **Obsolescencia de Modelos:** A medida que los datos se vuelven rápidamente desactualizados, los modelos diseñados hoy pueden no ser aplicables en unos pocos meses o años. Esto obliga a las empresas a estar en constante actualización.
- **Dependencia de Nuevas Tecnologías:** El análisis y la optimización mediante modelos Hamiltonianos y Lagrangianos pueden beneficiarse enormemente de tecnologías emergentes, como la computación cuántica, pero muchas de estas tecnologías aún están en sus etapas iniciales.
- **Escalabilidad y Flexibilidad:** Los modelos deben ser lo suficientemente flexibles para adaptarse a una demanda fluctuante y escenarios no previstos en la etapa inicial de planificación.

Perspectiva futura: Las empresas deben comprometerse a adoptar una mentalidad ágil, donde la innovación y la experimentación constante permitan la adaptabilidad. Es probable que veamos un aumento en las soluciones de inteligencia artificial para la gestión de actualizaciones de modelos en tiempo real.

3. Desarrollo de Capacidades Interdisciplinarias

Uno de los aspectos más críticos en la implementación de estos modelos de optimización es la necesidad de integrar conocimientos de múltiples disciplinas. Las estrategias Lagrangiana y Hamiltoniana no son soluciones aisladas; su efectividad depende de la colaboración entre expertos en matemáticas, economía, tecnología, psicología, y administración de empresas. La combinación de estas disciplinas exige equipos diversos con habilidades altamente especializadas, lo cual representa un desafío tanto en términos de contratación como de gestión.

Desafíos específicos:

- **Escasez de Talento Especializado:** La demanda de profesionales con habilidades interdisciplinarias crece, pero la oferta de personas capacitadas en áreas combinadas como matemáticas aplicadas y gestión empresarial es limitada.
- **Colaboración y Comunicación:** Equipos con experiencia diversa a menudo enfrentan barreras de comunicación. Explicar modelos matemáticos complejos a partes interesadas de distintas áreas requiere habilidades de comunicación efectivas.

- **Inversión en Capacitación Continua:** Para mantenerse competitivas, las empresas deben invertir en la capacitación constante de su equipo, para asegurarse de que puedan adaptarse a nuevas tecnologías y metodologías interdisciplinarias.

Perspectiva futura: El aumento en la disponibilidad de programas de formación interdisciplinaria y la colaboración con instituciones académicas puede mitigar algunos de estos desafíos. Sin embargo, las empresas deben comprometerse a fomentar una cultura de aprendizaje y experimentación continua para mantenerse a la vanguardia.

4. Desafíos Éticos y de Sostenibilidad en la Toma de Decisiones

La optimización matemática y la integración de modelos interdisciplinarios para tomar decisiones empresariales eficientes puede derivar en dilemas éticos y de sostenibilidad. Las decisiones basadas estrictamente en modelos de optimización podrían priorizar la rentabilidad a corto plazo sobre la responsabilidad social, el impacto ambiental, y el bienestar del equipo humano, algo que puede poner en riesgo la imagen y sostenibilidad a largo plazo de una empresa.

Desafíos específicos:

- **Decisiones Automatizadas sin Consideración Humana:** A medida que se adopten modelos de optimización automática, existe el riesgo de que algunas decisiones no tomen en cuenta factores éticos o humanos, tales como el impacto en los empleados o en las comunidades locales.
- **Desigualdad y Desempleo:** Los modelos de optimización orientados a maximizar la eficiencia pueden derivar en medidas de automatización que desplacen a empleados y generen desigualdad laboral.
- **Impacto Ambiental:** Las decisiones basadas en modelos matemáticos podrían ignorar prácticas sostenibles si estas no son incorporadas como restricciones explícitas en el modelo. La expansión sin considerar los efectos ecológicos puede dañar la imagen de una empresa en un contexto en el que los consumidores valoran cada vez más la sostenibilidad.

Perspectiva futura: A medida que se adopten más modelos matemáticos y de optimización en la toma de decisiones, las empresas deberán integrar principios éticos y de sostenibilidad directamente en sus modelos. Además, se prevé que las políticas y regulaciones gubernamentales sobre responsabilidad social y ambiental se vuelvan más estrictas, exigiendo a las empresas mantener un enfoque ético y sostenible en su uso de modelos de optimización.

5. Riesgos en la Dependencia de Datos y Seguridad

La efectividad de los modelos Lagrangiana y Hamiltoniana depende en gran medida de la calidad y disponibilidad de datos precisos y actualizados. Sin embargo, con el aumento de ciberataques y los desafíos de privacidad, la dependencia de datos representa un riesgo reciente. Además, cualquier inexactitud o sesgo en los datos utilizados puede llevar a resultados erróneos o decisiones contraproducentes.

Desafíos específicos:

- **Calidad y Veracidad de los Datos:** La integridad de los datos es crucial para la efectividad de los modelos matemáticos. Datos incorrectos o desactualizados pueden producir resultados que deriven en malas decisiones empresariales.
- **Privacidad y Cumplimiento Normativo:** La recolección y análisis de datos deben cumplir con regulaciones de privacidad (como GDPR en Europa), lo que añade complejidad y costos en la obtención de datos relevantes.
- **Seguridad y Ciberataques:** La dependencia de datos y la necesidad de mantener bases de datos interconectadas hacen a las empresas vulnerables a ciberataques, lo que puede poner en riesgo tanto sus operaciones como su reputación.

Perspectiva futura: Para abordar estos desafíos, se espera un crecimiento en la inversión en ciberseguridad y en tecnologías de protección de datos. También es probable que los avances en inteligencia artificial y blockchain ofrezcan soluciones innovadoras para proteger la integridad y seguridad de los datos.

Los desafíos en la implementación de estrategias Lagrangiana y Hamiltoniana, integradas con modelos interdisciplinarios, no son menores. Sin embargo, al mismo tiempo representan oportunidades para que las empresas construyan una ventaja competitiva en el mercado, siempre y cuando sean capaces de adaptarse, aprender continuamente y adoptar prácticas éticas y sostenibles. A medida que el entorno digital siga evolucionando, será esencial que las empresas adopten un enfoque flexible y colaborativo, inviertan en talento interdisciplinario y tecnología avanzada, y mantengan una visión de largo plazo en la toma de decisiones. Esto les permitirá no solo aprovechar las oportunidades, sino también navegar los complejos desafíos de la era digital con éxito y responsabilidad.

CAPÍTULO 4: DE LAS IDEAS A LA ACCIÓN: APLICANDO ESTRATEGIAS LAGRANGIANAS Y HAMILTONIANAS EN DECISIONES COMPLEJAS

¿Cómo transformar conceptos matemáticos avanzados en herramientas prácticas para decisiones empresariales?

En la era de la información, donde cada decisión puede implicar una ventaja competitiva, integrar métodos matemáticos avanzados se convierte en una ventaja que pocos aprovechan plenamente. Las estrategias lagrangianas y hamiltonianas, conocidas principalmente en el ámbito de la física y las matemáticas, ofrecen enfoques sistemáticos para maximizar el rendimiento y minimizar errores en la gestión empresarial. Este capítulo aborda la aplicación de estas metodologías en entornos empresariales complejos, especialmente en la optimización de recursos y toma de decisiones con múltiples variables demostrando cómo estos conceptos pueden revolucionar la planificación estratégica en cualquier organización.

La estrategia lagrangiana: optimización bajo restricciones en el mundo real

El enfoque lagrangiano se basa en la optimización bajo restricciones. En los negocios, las restricciones son inevitables: presupuesto, tiempo, recursos humanos, y hasta las limitaciones regulatorias son factores que deben tenerse en cuenta. La utilidad del multiplicador de Lagrange es que permite a los líderes establecer una fórmula de equilibrio entre el objetivo central (por ejemplo, maximizar ingresos) y las condiciones restrictivas que puedan afectar ese objetivo. Este concepto se puede aplicar de forma efectiva a proyectos de cualquier tamaño o en decisiones donde cada recurso cuenta.

Para entender cómo aplicarlo, considere una situación de asignación de recursos en una empresa de tecnología. Imaginemos que una startup tiene un presupuesto limitado, pero debe asignar recursos a investigación, marketing, desarrollo de producto, y recursos humanos para maximizar su cuota de mercado. Sin un análisis matemático adecuado, la asignación de recursos podría ser intuitiva o basada en suposiciones, lo que generalmente lleva a ineficiencias o, en el peor de los casos, a perder oportunidades críticas.

Utilizando el método de los multiplicadores de Lagrange, los líderes pueden formular una ecuación en la que se maximiza el impacto de cada área clave (por ejemplo, su inversión en desarrollo de producto) dentro de las limitaciones financieras de la empresa. Así, la decisión sobre cuánto asignar a cada área ya no es un simple proceso de selección, sino un modelo matemático preciso que proporciona una recomendación basada en datos objetivos.

Aplicación práctica de los multiplicadores de Lagrange en la distribución de presupuesto

Supongamos que el objetivo de la startup es maximizar el ingreso de su próximo trimestre. La función objetivo, en este caso, sería el ingreso trimestral esperado. Las restricciones, en cambio, serían el presupuesto total, el tiempo disponible, y cualquier otra limitación interna que pueda afectar el desarrollo.

La fórmula del multiplicador de Lagrange en este caso consistiría en maximizar la función objetivo (el ingreso) sujeta a una restricción de presupuesto. Mediante el cálculo de derivadas parciales y la inclusión del multiplicador en la ecuación, se pueden derivar los valores óptimos para cada variable involucrada, identificando con precisión cuánto dinero asignar a cada departamento para maximizar el resultado deseado.

Este enfoque estructurado proporciona una visión que permite a los directivos enfocarse en resultados estratégicos, sin perderse en el proceso de intentar satisfacer cada necesidad individual. En este sentido, la función lagrangiana convierte un proceso complejo en una ecuación clara, con un conjunto de soluciones prácticas, que maximizan la utilidad del presupuesto.

La función Hamiltoniana: optimización dinámica en el tiempo

Si el método lagrangiano se centra en la optimización bajo restricciones, la función hamiltoniana se enfoca en la optimización dinámica, especialmente en situaciones donde las decisiones afectan no solo el presente, sino también el futuro. En el ámbito empresarial, muchas decisiones tienen consecuencias que se extienden en el tiempo: inversión en activos de largo plazo, diseño de una estrategia de crecimiento escalonada, o incluso la creación de un programa de fidelización de clientes. Aquí, el enfoque hamiltoniano proporciona una estructura matemática para prever y maximizar el valor en cada etapa del proceso.

En un entorno donde los resultados evolucionan con el tiempo, como en un proyecto de investigación y desarrollo, el método hamiltoniano permite a las empresas crear un marco que optimice no solo el éxito del proyecto en cada fase, sino también su sostenibilidad y crecimiento futuro. La metodología hamiltoniana evalúa las condiciones iniciales, establece valores de referencia y proyecta los efectos futuros de cada decisión, brindando así una visión detallada y ajustable.

Optimización dinámica: planificando el crecimiento sostenible

Imaginemos una empresa que busca lanzar un nuevo producto al mercado en un periodo de tres años. En el primer año, se concentra en la investigación y desarrollo; en el segundo, en la implementación de la estrategia de marketing y, finalmente, en el tercer año, en la distribución y crecimiento del producto. Aquí, la optimización mediante la función hamiltoniana permite evaluar el impacto de cada inversión y ajuste estratégico a lo largo del tiempo, tomando en cuenta tanto el presente como el futuro de la empresa.

La función hamiltoniana permite ajustar los valores en cada etapa del proceso mediante la evaluación continua de los resultados en tiempo real y el ajuste de la estrategia en función de estos. Este enfoque de retroalimentación constante se convierte en un ciclo virtuoso que mejora la precisión y eficiencia de las decisiones. Así, en lugar de depender de predicciones o suposiciones, la estrategia empresarial se adapta de manera dinámica, basándose en una optimización matemática que ajusta cada paso para maximizar el impacto global.

Una visión comparativa de los enfoques Lagrangiano y Hamiltoniano

Si bien tanto el enfoque lagrangiano como el hamiltoniano persiguen la optimización, cada uno lo hace desde una perspectiva diferente, proporcionando herramientas específicas para tipos distintos de decisiones empresariales. Mientras que el método lagrangiano es ideal para decisiones que requieren maximizar resultados en presencia de restricciones, el hamiltoniano se adapta mejor a decisiones cuya influencia se extiende a través del tiempo demanda una optimización continua y dinámica.

Compararlos en un marco empresarial es como evaluar distintas estrategias de juego en un deporte. En algunos casos, es mejor establecer una estructura clara que maximice el rendimiento dentro de los límites (método lagrangiano), mientras que en otros es más beneficioso ajustar el enfoque de acuerdo con el avance del juego y la evolución de las circunstancias (método hamiltoniano). La clave es saber cuándo aplicar cada uno y cómo combinarlos de manera estratégica.

Casos reales: la optimización matemática en acción

1. **Caso de optimización lagrangiana**: Una empresa manufacturera enfrenta la necesidad de optimizar la producción para cumplir con una demanda creciente pero con limitaciones de capacidad y presupuesto. Aplicando los multiplicadores de Lagrange, logra distribuir recursos de manera que maximiza la producción sin violar las restricciones, generando un incremento en la eficiencia del 25%.

2. **Caso de optimización hamiltoniana**: Un banco busca maximizar el valor de su portafolio de inversiones considerando la fluctuación en los precios de mercado y los riesgos cambiantes. Al usar un modelo hamiltoniano, ajusta su estrategia de inversión de manera dinámica, alcanzando un equilibrio entre riesgo y rendimiento a largo plazo, y logrando una rentabilidad del 12% anual con variación controlada.

Ambos casos ilustran cómo los métodos lagrangianos y hamiltonianos, cuando se aplican correctamente, convierten problemas de optimización aparentemente insuperables en soluciones prácticas y eficientes.

Un nuevo paradigma en la gestión empresarial

La inclusión de estrategias lagrangianas y hamiltonianas en la gestión empresarial establece un paradigma de precisión y control, adaptado a un entorno moderno donde las decisiones complejas son la norma. A medida que las empresas enfrentan mercados más dinámicos, regulaciones estrictas y recursos limitados, contar con herramientas matemáticas avanzadas para maximizar sus resultados se convierte en una necesidad estratégica.

Estos métodos permiten que los líderes empresariales se conviertan en arquitectos de su propio éxito, estableciendo no solo el qué y el cuándo de sus decisiones, sino también el cómo y el porqué, basándose en principios sólidos y estrategias bien definidas. La optimización matemática aplicada a la gestión empresarial no es solo una tendencia; es un cambio profundo que impulsa a las organizaciones hacia una eficiencia que, antes, solo se soñaba.

Al final, estas estrategias transforman la pregunta inicial en una afirmación: conceptos avanzados de la física y la matemática pueden y deben ser herramientas cotidianas en la gestión empresarial, no solo para tomar decisiones precisas, sino para liderar con visión y control en un mundo cada vez más competitivo.

¿Cómo pueden las estrategias matemáticas de Lagrange y Hamilton revolucionar la toma de decisiones en un entorno empresarial cuantificable y de alto rendimiento?

En el mundo empresarial actual, cada decisión es una pieza crucial de un rompecabezas más grande que determina la ventaja competitiva, la rentabilidad y el éxito a largo plazo. La optimización matemática, mediante estrategias como los métodos de Lagrange y Hamilton, ofrece un marco para tomar decisiones precisas que maximizan recursos, minimizan riesgos y potencializan resultados. Pero, ¿cómo se ven estas estrategias en la práctica? ¿Qué tan efectivas pueden ser en términos de rendimiento financiero, eficiencia en procesos o mejoras en el tiempo de respuesta?

En este capítulo, exploraremos cómo se pueden aplicar estos enfoques avanzados en decisiones de alto impacto dentro del ámbito empresarial. Para dar una perspectiva concreta, usaremos cifras significativas que ilustran el potencial transformador de la optimización matemática. Se analizarán casos donde estas estrategias han impulsado a empresas de diversas industrias, revelando un cambio de paradigma en la gestión moderna de los recursos y la toma de decisiones.

La Estrategia Lagrangiana: Maximización con Restricciones en la Empresa Moderna

La función Lagrangiana se centra en la optimización bajo restricciones, una situación común en el mundo empresarial donde las limitaciones de presupuesto, personal, infraestructura y tiempo son ineludibles. La teoría de los multiplicadores de Lagrange permite que una empresa optimice su objetivo principal —por ejemplo, maximizar ingresos o reducir costos—, mientras equilibra una serie de restricciones simultáneas.

Un caso real de aplicación de los multiplicadores de Lagrange se puede observar en una empresa del sector de fabricación avanzada. Esta empresa buscaba maximizar la producción sin exceder su capacidad de maquinaria y presupuesto. Aplicando el método lagrangiano, lograron una asignación de recursos más precisa, incrementando su eficiencia operativa en un 30% y reduciendo los costos de producción un 12%. Con una inversión anual promedio de $500,000, esta reducción de costos se tradujo en ahorros de $60,000, permitiéndoles redirigir estos fondos hacia innovación y mejoras en calidad.

Para ilustrar la utilidad de los multiplicadores de Lagrange, imagine una empresa de servicios de tecnología que debe distribuir su presupuesto entre I+D, marketing y operaciones. Con una inversión de $2 millones, cada departamento compite por maximizar su impacto en la cuota de mercado. Sin un enfoque matemático claro, el riesgo de suboptimización es alto: al asignar recursos intuitivamente, podría destinarse más dinero al marketing sin suficiente enfoque en el desarrollo de producto, lo que limitaría su capacidad de crecimiento a largo plazo.

Utilizando la estrategia lagrangiana, el equipo directivo de esta empresa formuló una función de optimización que equilibraba sus objetivos con sus restricciones financieras. Esto permitió a cada departamento priorizar objetivos de forma cuantitativa. Al aplicar este enfoque, lograron asignar $800,000 en desarrollo, $600,000 en marketing y $600,000 en operaciones. Como resultado, la cuota de mercado aumentó un 10% en seis meses, mientras los costos de operación se mantuvieron dentro del límite presupuestario. La optimización basada en Lagrange demostró que una asignación estructurada y basada en restricciones puede generar un aumento sustancial en la competitividad y eficiencia organizacional.

Aplicación del Método Lagrangiano en Optimización de Presupuesto

El método de los multiplicadores de Lagrange es una herramienta eficaz cuando se trata de gestionar presupuestos limitados. Pensemos en una empresa de manufactura que produce equipos de alta tecnología con un presupuesto anual de $10 millones. Su objetivo es maximizar el número de unidades producidas, pero debe enfrentar limitaciones de presupuesto, disponibilidad de materiales y capacidad de producción. Utilizando la técnica de Lagrange, el equipo puede resolver una ecuación de optimización que distribuye los fondos de manera que maximice la producción sin sobrepasar las limitaciones.

Aplicando esta fórmula, lograron maximizar la producción en un 20% en comparación con el año anterior, reduciendo al mismo tiempo el desperdicio en un 8%. Este incremento en eficiencia representó una ganancia neta adicional de $1.5 millones, un claro ejemplo de cómo la matemática avanzada puede tener un impacto tangible en el rendimiento empresarial. Esta herramienta permitió que las decisiones de asignación de presupuesto dejaran de ser un dilema constante para convertirse en una estrategia precisa y rentable.

Estrategia Hamiltoniana: Optimización Dinámica para Decisiones de Largo Plazo

A diferencia del enfoque lagrangiano, que se centra en la optimización de recursos en el momento, la estrategia hamiltoniana aborda la optimización de decisiones que deben mantenerse eficaces a través del tiempo. En un contexto empresarial, esto es esencial en proyectos de largo plazo como estrategias de expansión, inversiones en activos o planes de marketing a mediano plazo.

Un estudio reciente reveló que el 75% de las empresas de crecimiento acelerado en los últimos cinco años atribuyen gran parte de su éxito a la implementación de estrategias de optimización a largo plazo. En un caso específico, una empresa global de productos de consumo implementó el método hamiltoniano para decidir cómo y cuándo invertir en infraestructura de producción en diversas ubicaciones geográficas. Su función hamiltoniana evaluó no solo el costo de la inversión inicial, sino también factores como la volatilidad de la demanda en cada mercado, costos de operación futuros y fluctuaciones en los precios de las materias primas.

Gracias a la optimización dinámica, esta empresa identificó ubicaciones estratégicas y momentos ideales para la inversión, logrando una reducción del 15% en costos operativos proyectados y un aumento del 18% en el margen de ganancia neta anual. Al integrar las variables dinámicas de costo y demanda en un marco hamiltoniano, la empresa pudo anticipar cambios en el mercado y responder a ellos de forma precisa y oportuna.

Optimización Dinámica en la Expansión de Mercado

Imaginemos una empresa de software que desea expandirse internacionalmente en un lapso de tres años. En el primer año, invierten en investigación de mercado; en el segundo, en marketing digital; y en el tercero, en infraestructura operativa. Con el método hamiltoniano, pueden anticipar el retorno de la inversión en cada etapa, ajustando el enfoque según los resultados obtenidos y los cambios del mercado.

Mediante el uso de la función hamiltoniana, esta empresa pudo prever los beneficios y ajustar su estrategia de manera continua. Al final del tercer año, el valor total de la expansión fue un 25% superior al proyectado inicialmente, y lograron posicionarse en un 5% del mercado objetivo en cada nueva región. Al monitorear y ajustar su estrategia de expansión de manera dinámica, la empresa logró optimizar sus recursos a lo largo del tiempo, minimizando riesgos y maximizando resultados en cada etapa del proceso de expansión.

Comparación de los Enfoques Lagrangiano y Hamiltoniano

Si bien ambos métodos buscan la optimización, cada uno aporta beneficios específicos en diferentes escenarios. En 2023, una encuesta realizada por McKinsey & Company indicó que el 60% de las empresas que adoptaron estrategias de optimización matemática lograron mejorar sus márgenes en al menos un 10%. A nivel organizacional, el enfoque lagrangiano proporciona soluciones prácticas para decisiones donde la optimización en el corto plazo es fundamental, mientras que el hamiltoniano permite decisiones adaptativas en proyectos de largo alcance.

Pensemos en una compañía de retail que utiliza ambos enfoques para optimizar su cadena de suministro. Aplicaron el método lagrangiano para ajustar la distribución de sus inventarios bajo limitaciones de capacidad de almacenamiento y presupuesto de transporte. El resultado fue una reducción en los costos logísticos de un 8%, ahorrando aproximadamente $1 millón en el primer año. Paralelamente, emplearon la estrategia hamiltoniana para proyectar la expansión de sus operaciones en nuevas localidades durante los próximos cinco años, lo que generó un aumento proyectado del 15% en ingresos netos anuales.

Casos de Éxito en la Optimización Matemática Empresarial

1. **Caso Lagrangiano:** Una compañía farmacéutica optimizó sus recursos para cumplir con una demanda incremental en un contexto de restricciones regulatorias y presupuestarias. Utilizando el método lagrangiano, distribuyó de manera eficiente su inversión en I+D, producción y marketing, logrando un ahorro de $2 millones anuales y mejorando la eficiencia operativa un 20%.
2. **Caso Hamiltoniano:** Una empresa energética usó el método hamiltoniano para ajustar sus inversiones en energías renovables. Con una inversión inicial de $50 millones, proyectaron una tasa de retorno del 15% anual en un contexto de volatilidad en precios de mercado. A los cinco años, la empresa había alcanzado un retorno total del 80%, asegurando una base sólida de crecimiento sostenible.

La Transformación Matemática como Fundamento Estratégico

Aplicar las estrategias de Lagrange y Hamilton en la gestión empresarial va más allá de optimizar recursos; se trata de integrar un enfoque estructurado y matemáticamente sólido para maximizar los resultados en todas las áreas de negocio. Como muestran los casos y cifras en este capítulo, la optimización matemática aplicada a los negocios permite tomar decisiones informadas, incrementa la eficiencia y convierte a los desafíos complejos en oportunidades de éxito.

La capacidad de optimizar tanto en el presente como en el futuro ofrece una ventaja incalculable en un entorno empresarial que exige precisión y adaptabilidad constantes. La transformación matemática en la toma de decisiones empresariales no solo es una herramienta de mejora operativa, sino un fundamento estratégico que redefine el éxito en el ámbito corporativo.

CAPÍTULO 5: APLICACIONES PRÁCTICAS DE LOS MÉTODOS DE LAGRANGE Y HAMILTON EN LA TOMA DE DECISIONES EMPRESARIALES

En los capítulos anteriores, hemos explorado cómo el cálculo variacional y la optimización matemática, con sus raíces en la física y la economía, pueden aplicarse de manera práctica en los negocios. En este capítulo final, combinaremos la teoría con ejemplos concretos, mostrando cómo el método de Lagrange y el formalismo hamiltoniano pueden revolucionar la estrategia empresarial en aspectos tan diversos como la gestión de inventarios, la optimización de rutas logísticas, la asignación de recursos, y la maximización de beneficios en situaciones de restricciones múltiples.

Algunos de estos métodos ya han demostrado ser de gran utilidad en industrias de manufactura, retail y tecnología avanzada. Nuestro objetivo aquí es demostrar cómo puedes integrar estos conceptos en un marco práctico de decisiones, maximizando el valor y minimizando los costos de manera sostenible.

Teoría Lagrangiana en la Optimización de Recursos

El método de Lagrange es fundamental cuando debemos optimizar una función con restricciones. En el contexto empresarial, esta técnica es particularmente útil en la optimización de recursos, donde buscamos maximizar el beneficio o minimizar los costos sujetos a ciertas limitaciones, como el presupuesto, la capacidad de producción o la disponibilidad de mano de obra.

Caso Práctico: Optimización de Producción

1. La producción de ambos productos requiere tiempo en dos máquinas, de modo que el tiempo total para producir ambos productos no puede superar una cierta cantidad disponible.
2. La producción está limitada también por el material en inventario, dado que cada producto consume diferentes cantidades de estos recursos.

Imaginemos que una empresa de manufactura produce dos productos: P_1 y P_2. Supongamos que el beneficio de producir x unidades de P_1 y y unidades de P_2 está dado por la función:

$$f(x, y) = 5x + 3y$$

donde 5 y 3 son los beneficios unitarios de P_1 y P_2, respectivamente. La producción está limitada por el tiempo disponible en la maquinaria y la cantidad de material, lo que nos lleva a las siguientes restricciones:

Estas restricciones se pueden formular de la siguiente manera:

$$g_1(x, y) = x + 2y - 100 \leq 0 \quad \text{(horas de máquina)}$$
$$g_2(x, y) = 3x + y - 150 \leq 0 \quad \text{(material en inventario)}$$

Aquí es donde introducimos **los multiplicadores de Lagrange** λ_1 y λ_2, que nos ayudan a ajustar las restricciones en el cálculo de nuestro máximo de producción. La función Lagrangiana que representa esta situación se puede formular así:

$$\mathcal{L}(x, y, \lambda_1, \lambda_2) = 5x + 3y + \lambda_1(100 - x - 2y) + \lambda_2(150 - 3x - y)$$

Al resolver las derivadas parciales e igualarlas a cero, obtenemos el valor óptimo de xxx y yyy que maximiza el beneficio bajo las restricciones impuestas. Este cálculo permite a la empresa planificar su producción de forma que se aprovechen al máximo los recursos, maximizando el beneficio y minimizando el tiempo improductivo.

2. Formalismo Hamiltoniano en la Gestión de Inventarios

El **formalismo hamiltoniano** va un paso más allá al permitir el análisis de sistemas dinámicos en el tiempo, ideal para situaciones en las que los recursos, el capital o el inventario cambian constantemente. En el mundo empresarial, esta técnica es útil para gestionar el inventario de manera óptima, especialmente cuando las demandas fluctúan y se requiere una estrategia de reabastecimiento eficiente.

Caso Práctico: Dinámica del Inventario

Consideremos una empresa que maneja un inventario de productos perecederos. Aquí, el objetivo es minimizar los costos de almacenamiento y pedido, pero también evitar pérdidas debido a la expiración de los productos. Supongamos que el costo total de inventario se puede modelar como:

$$H = c(x) + p(x) + h(x)$$

donde:

- $c(x)$ es el costo de almacenamiento,
- $p(x)$ es el costo de pedido, y
- $h(x)$ representa las pérdidas por productos expirados.

Aplicando el formalismo hamiltoniano, se introduce una función de costos conjunta y se busca minimizar el valor de HHH mientras se mantienen niveles de inventario adecuados para satisfacer la demanda. El método de Hamilton ofrece una solución dinámica que ajusta automáticamente el nivel de inventario según la tasa de demanda observada y los costos involucrados.

El resultado final es una política de inventario que reduce los costos de almacenamiento y evita desabastecimientos, un elemento crucial para empresas de logística y retail que buscan eficiencia operativa.

3. Aplicaciones Avanzadas: Estrategias de Optimización en la Cadena de Suministro

En una economía globalizada, las empresas deben hacer frente a múltiples retos para gestionar eficientemente sus cadenas de suministro. La teoría de Lagrange y el formalismo de Hamilton encuentran aplicaciones en este ámbito, ayudando a optimizar rutas, minimizar costos de transporte y mejorar la eficiencia en tiempos de entrega.

Caso Práctico: Optimización de Rutas de Distribución

Supongamos que una empresa de logística necesita distribuir sus productos a varios centros de distribución minimizando la distancia y el costo de transporte. Aquí, el problema se reduce a una función de costo que depende de las distancias y los tiempos de viaje entre puntos:

$$f(x_1, x_2, \ldots, x_n) = \sum_{i=1}^{n} d_i c_i$$

donde d_i representa la distancia a cada destino y c_i el costo asociado. En este caso, las restricciones pueden incluir límites de tiempo para cada entrega y la capacidad máxima de carga de los vehículos.

El método de Lagrange se aplica para minimizar el costo total, mientras que el formalismo hamiltoniano permite un análisis continuo de la dinámica de la ruta en tiempo real, ajustándose automáticamente en caso de interrupciones o cambios en las condiciones de tráfico. Esta combinación de técnicas permite a la empresa maximizar la eficiencia y reducir los costos logísticos, un diferenciador clave en mercados competitivos.

4. Maximización de Beneficios en Proyectos de Inversión

Los proyectos de inversión son el corazón de la estrategia de crecimiento de cualquier empresa, y la teoría de Lagrange resulta especialmente útil para maximizar el retorno en escenarios de restricción presupuestaria.

Caso Práctico: Selección de Proyectos bajo Presupuesto Limitado

Supongamos que una empresa tiene un presupuesto limitado y debe elegir entre múltiples proyectos de inversión. El objetivo es maximizar el beneficio esperado de los proyectos seleccionados, donde el beneficio total de inversión se define como:

$$f(x_1, x_2, \ldots, x_n) = \sum_{i=1}^{n} b_i x_i$$

donde b_i representa el beneficio potencial de cada proyecto i y x_i es una variable binaria que indica si el proyecto i es elegido o no (1 si se elige, 0 si no). La restricción presupuestaria se representa como:

$$\sum_{i=1}^{n} c_i x_i \leq B$$

donde c_i es el costo de cada proyecto y B es el presupuesto total disponible.

Mediante la aplicación del método de Lagrange, se calcula el conjunto óptimo de proyectos que maximiza el beneficio esperado dentro de los límites presupuestarios. Esta técnica permite a los directivos tomar decisiones de inversión informadas, priorizando los proyectos con el mayor retorno posible y optimizando el uso del capital disponible.

Una Herramienta Poderosa para la Competitividad Empresarial

La combinación de los métodos de Lagrange y Hamilton ofrece a los líderes empresariales una serie de herramientas para la toma de decisiones de alto impacto. La optimización matemática, tradicionalmente relegada a la economía y la ingeniería, se convierte en un elemento diferenciador para empresas que buscan mejorar su competitividad mediante una administración eficiente de los recursos.

La implementación de estas técnicas permite:
1. Maximizar la eficiencia en la asignación de recursos.
2. Mejorar la toma de decisiones en entornos de múltiples restricciones.
3. Reducir costos operativos y mejorar los márgenes de beneficio.
4. Crear una estrategia flexible y adaptable en cadenas de suministro y logística.

Al integrar estos métodos, los líderes empresariales pueden transformar desafíos complejos en oportunidades, respondiendo de manera ágil y eficiente a las demandas de un mercado en constante cambio. Con el conocimiento y aplicación de las estrategias lagrangianas y hamiltonianas, las empresas se posicionan para competir y prosperar en un entorno globalizado, maximizando sus recursos y optimizando su desempeño a largo plazo.

Para integrar los métodos de optimización Lagrangianos y Hamiltonianos con los desafíos actuales de la Inteligencia Artificial (IA), podemos explorar cómo estas técnicas matemáticas son la base de muchas estrategias avanzadas de IA, como el aprendizaje profundo (deep learning), la toma de decisiones autónoma, y la optimización de procesos en tiempo real. Este enfoque no solo tiene implicaciones en la eficiencia empresarial, sino también en la capacidad de las empresas para innovar, adaptarse a cambios rápidos y tomar decisiones complejas en un entorno cada vez más digitalizado y competitivo.

A medida que la IA se convierte en un motor clave de la economía global, se estima que su contribución al PIB mundial alcanzará los 15.7 billones de dólares para 2030, impulsando la competitividad y productividad en múltiples sectores. Las empresas que logran integrar IA y métodos avanzados de optimización tienen una ventaja significativa en la creación de sistemas eficientes, resilientes y adaptativos, lo que les permite responder de manera ágil a los cambios en el mercado. Para comprender cómo se logra esta sinergia, revisemos cómo los formalismos de Lagrange y Hamilton se aplican en la IA y cómo ayudan a enfrentar algunos de los desafíos más grandes de esta era tecnológica.

1. La Optimización en el Aprendizaje Profundo: Base Matemática para la Eficiencia de Modelos de IA

El aprendizaje profundo ha revolucionado campos como el procesamiento del lenguaje natural, la visión por computadora y el análisis predictivo en los negocios. Este avance se basa en redes neuronales profundas que requieren cálculos masivos de optimización para ajustar millones de parámetros y, por lo tanto, ofrecer resultados precisos y relevantes.

Aquí, los métodos de Lagrange y Hamilton son esenciales para ajustar estos modelos de manera eficiente. En particular, el método de Lagrange ayuda a optimizar redes neuronales en situaciones donde existen múltiples restricciones, como limitaciones de capacidad computacional, tiempo de procesamiento, o la necesidad de minimizar el consumo energético en los centros de datos.

Por ejemplo, el modelo GPT-4 de OpenAI, una de las redes neuronales más avanzadas, se entrena con un proceso de optimización basado en gradientes descendentes, que involucra un cálculo similar al método de Lagrange para manejar las restricciones de precisión y eficiencia. Los desarrolladores deben considerar las limitaciones de memoria y procesamiento para reducir el uso de energía. Al implementar este método, el modelo alcanza una precisión óptima en su predicción sin exceder los límites computacionales. Esto es crucial, ya que se estima que los centros de datos dedicados a la IA consumirán hasta el 8% de la electricidad global para 2030, y sin optimización adecuada, esta cifra podría crecer aún más.

El formalismo Hamiltoniano, por su parte, permite el análisis dinámico en tiempo real de los ajustes de parámetros dentro de las redes neuronales. Mediante el uso de este enfoque, es posible adaptar los modelos de IA de manera continua y fluida según los datos nuevos que recibe, un requisito indispensable en aplicaciones de IA en la nube, donde los sistemas de IA deben responder rápidamente a cambios en el entorno, como en el caso de los servicios de recomendación o los sistemas de atención al cliente automatizados. La dinámica de optimización en tiempo real facilita que las empresas mejoren sus resultados, ahorren costos operativos y brinden experiencias de usuario altamente personalizadas.

2. IA y Toma de Decisiones Autónomas en Logística: Optimización y Resiliencia en la Cadena de Suministro

En la logística y la cadena de suministro, la IA se enfrenta a desafíos complejos relacionados con la planificación de rutas, la gestión de inventarios y la optimización de tiempos de entrega. A través de algoritmos basados en el método de Lagrange, las empresas pueden optimizar la asignación de recursos y reducir el costo de transporte en las rutas de distribución. Por ejemplo, Amazon, que tiene una de las cadenas de suministro más avanzadas del mundo, utiliza técnicas de IA junto con métodos lagrangianos para calcular rutas óptimas de entrega y responder a la demanda fluctuante de productos.

El formalismo Hamiltoniano complementa estas técnicas al analizar dinámicas en tiempo real, permitiendo a los sistemas de logística adaptarse a condiciones cambiantes, como el tráfico o eventos imprevistos en las rutas de transporte. Al combinar IA y el método Hamiltoniano, los sistemas de entrega pueden reconfigurar las rutas de forma autónoma y optimizada, asegurando entregas en tiempos mínimos. Este enfoque resulta crucial para mantener un nivel de competitividad y eficiencia en un sector donde la puntualidad es vital para la satisfacción del cliente.

En un mercado donde los consumidores esperan entregas en menos de 24 horas, la optimización de rutas y tiempos mediante IA es una ventaja estratégica. Según McKinsey, las empresas que implementan IA en logística pueden reducir los costos de transporte en un 10-30% y disminuir los tiempos de entrega en un 15-25%, un ahorro significativo que ermite a las empresas aumentar su rentabilidad y mejorar su competitividad en el mercado global.

La Optimización en la Gestión de Recursos: IA, Lagrange y Hamilton en la Administración de Capital Humano

La administración del capital humano, especialmente en grandes empresas, representa un desafío cada vez más complejo debido a la globalización, la flexibilidad laboral y la digitalización de los procesos. Aquí, los métodos de Lagrange y Hamilton ofrecen soluciones prácticas al optimizar la asignación de recursos humanos en tareas diversas y distribuidas, además de ayudar a gestionar el tiempo de trabajo y los recursos de manera eficiente.

La IA se utiliza para gestionar y distribuir tareas dentro de un marco que maximiza el rendimiento general mientras minimiza el desgaste de los empleados. El método de Lagrange es útil en la gestión de recursos humanos para optimizar el balance entre el tiempo invertido en diferentes proyectos y las restricciones presupuestarias. Por ejemplo, en una empresa multinacional con miles de empleados distribuidos en diferentes países, los algoritmos lagrangianos pueden ayudar a asignar personal de manera óptima en función de la demanda y los objetivos específicos de cada proyecto, respetando restricciones de presupuesto y cumplimiento de regulaciones locales.

El formalismo Hamiltoniano permite el monitoreo continuo del desempeño de los empleados y los recursos asignados en tiempo real. En el contexto de la IA, los métodos hamiltonianos también se utilizan para ajustar automáticamente las asignaciones y roles dentro de los equipos de trabajo en función de las prioridades que surgen en tiempo real. Según Deloitte, las empresas que utilizan IA para gestionar recursos humanos pueden mejorar la eficiencia de asignación de tareas en un 25%, reducir la rotación de empleados en un 10-15% y lograr un aumento en la productividad del 20%, demostrando que la optimización de recursos humanos basada en IA y estos métodos matemáticos representa una ventaja sustancial en la gestión organizacional.

IA y Estrategias de Precio Óptimo: La Teoría de Optimización Aplicada al Mercado de Consumo

La fijación de precios es otro de los desafíos clave en los negocios, especialmente en sectores de consumo masivo, donde las empresas necesitan optimizar precios en tiempo real para maximizar los márgenes de beneficio sin afectar la demanda. Con el uso de la IA y los métodos de optimización lagrangiana, las empresas pueden ajustar precios dinámicamente en función de la demanda, la competencia y los costos de producción, maximizando el beneficio total bajo restricciones de inventario y presupuesto de marketing.

Un caso práctico de este tipo de optimización es el de los precios de los boletos de aerolíneas, donde los algoritmos de IA y las funciones de costo optimizadas ayudan a ajustar los precios en función de la ocupación y la competencia. Las aerolíneas, como Delta y United, utilizan estos métodos para ajustar los precios en tiempo real y maximizar los ingresos por vuelo. Un estudio de la Universidad de Stanford sugiere que la optimización dinámica de precios basada en IA permite a las aerolíneas mejorar los ingresos en hasta u 5% por vuelo, lo que equivale a cientos de millones de dólares en un año.

Además, el formalismo Hamiltoniano se utiliza para analizar el comportamiento de la demanda y ajustar las estrategias de precio a largo plazo. Este enfoque permite a las empresas prever los cambios en la demanda en respuesta a factores económicos externos como cambios en la tasa de interés o en los costos de los insumos. En el contexto de la IA, método hamiltoniano permite a los algoritmos de fijación de precios reaccionar de maner autónoma y optimizada ante estos factores, ajustando los precios para maximizar el beneficio de manera continua.

5. Sostenibilidad y Eficiencia Energética en IA: El Reto de Minimizar el Consumo en la Computación Intensiva

Uno de los desafíos más críticos de la IA es su alto consumo energético, especialmente en modelos de aprendizaje profundo que requieren cálculos masivos y centros de datos que operan 24/7. Se estima que, para el 2030, las emisiones de carbono de la computación de IA podrían alcanzar el 3.5% de las emisiones globales, equiparando el impacto ambiental de la aviación comercial.

Los métodos de Lagrange y Hamilton juegan un rol clave en el desarrollo de modelos de IA más eficientes. Utilizando estos métodos, es posible optimizar el consumo de energía de lo algoritmos en función de restricciones de procesamiento y memoria. En los centros de datos, por ejemplo, el método de Lagrange ayuda a asignar tareas de procesamiento de manera óptima entre los diferentes servidores, minimizando el uso de energía y mejorand la eficiencia general.

Además, el formalismo Hamiltoniano se utiliza para gestionar la dinámica de los sistemas de enfriamiento en los centros de datos, ajustando automáticamente las configuraciones d temperatura en tiempo real en función de la carga de trabajo y la eficiencia energética. Empresas como Google y Microsoft utilizan IA para gestionar la eficiencia de sus centros d datos, logrando reducir el consumo de energía hasta en un 40% mediante el uso de estas técnicas de optimización.

El uso de la optimización matemática aplicada a la IA no solo permite a las empresas mejorar su rentabilidad y competitividad, sino que también aborda algunos de los desafíos más apremiantes de la era digital, como el consumo energético y la gestión de recursos. La combinación de técnicas Lagrangianas y Hamiltonianas con IA proporciona una base sólida para enfrentar el futuro, donde la eficiencia y la sostenibilidad serán cruciales para el éxito en un entorno global cada vez más complejo y digitalizado.

CONCLUSIONES

A lo largo de este libro, hemos explorado la utilidad y aplicabilidad de los métodos de optimización matemática, en particular los modelos Lagrangianos y Hamiltonianos, en la toma de decisiones estratégicas empresariales. Estos enfoques permiten a las empresas reducir problemas complejos en modelos matemáticos que pueden resolverse para maximizar el rendimiento. La integración de estas técnicas en la gestión empresarial moderna no solo ayuda a mejorar la eficiencia de los procesos de decisión, sino que también facilita una comprensión más profunda de las interrelaciones entre variables clave.

Al aplicar estos modelos, se ha demostrado que las empresas pueden identificar más claramente los puntos de presión y las oportunidades de optimización. Este enfoque estructurado y racional permite a los directivos y analistas diseñar estrategias más informadas, alineadas tanto con los objetivos de corto plazo como con los objetivos estratégicos a largo plazo. Autores como Boyd y Vandenberghe (2004) han argumentado que las herramientas de optimización convexa son esenciales en la toma de decisiones complejas y refuerzan el argumento de que una formulación matemática robusta proporciona una ventaja competitiva en industrias diversas, desde la tecnología hasta las finanzas.

Por otro lado, las técnicas de optimización Hamiltonianas son especialmente útiles en escenarios dinámicos, en los que las decisiones de hoy afectan el rendimiento futuro. Este aspecto se vuelve crucial en industrias donde el ritmo de cambio es rápido y los mercados son volátiles, como en el sector financiero o en la tecnología. En la práctica, utilizar enfoques dinámicos, como los modelos Hamiltonianos, ayuda a las empresas a adaptarse con mayor flexibilidad, tomando decisiones que optimicen no solo el presente, sino el rendimiento acumulado a lo largo del tiempo.

En resumen, la aplicación de modelos Lagrangianos y Hamiltonianos en la gestión empresarial fomenta una mentalidad analítica y de largo plazo, ayudando a los líderes a tomar decisiones fundamentadas que consideran tanto las limitaciones como las oportunidades en un contexto en constante cambio.

RECOMENDACIONES PRÁCTICAS

Para implementar exitosamente los modelos de optimización Lagrangianos y Hamiltonianos en la empresa, es esencial tener en cuenta ciertos principios y pasos prácticos:

1. **Identificación de Objetivos Claros y Variables Clave**: La primera etapa de cualquier modelo de optimización es definir claramente el objetivo, ya sea maximizar el beneficio, minimizar los costos o aumentar la eficiencia. La claridad en la definición de objetivos y variables permite una formulación matemática precisa y manejable. Según Kaplan y Norton (1996), los objetivos deben ser claros y medibles, una afirmación que se fortalece cuando se aplican metodologías matemáticas en el marco de la gestión empresarial.

2. **Formulación del Problema en Términos Matemáticos**: La transición de una cuestión de negocio a una formulación matemática es crítica. Esto requiere comprender las restricciones y los parámetros de la empresa para traducirlas en términos de ecuaciones y desigualdades. La función Lagrangiana, que maximiza o minimiza una función objetivo sujeta a ciertas restricciones, es especialmente útil en problemas de recursos limitados. Por ejemplo, en el caso de una empresa manufacturera, se podría utilizar una función Lagrangiana para maximizar la producción sujeta a restricciones de presupuesto y capacidad de producción.

3. **Implementación Gradual y Pruebas Piloto**: La implementación de estos modelos debe realizarse gradualmente. Las pruebas piloto son esenciales para evaluar cómo los modelos teóricos se comportan en situaciones reales. Autores como Powell y Baker (2009) destacan la importancia de los "modelos híbridos" en los que se integra la teoría con la simulación y el aprendizaje automático para evaluar resultados iniciales y hacer ajustes necesarios.

4. **Capacitación del Personal en Herramientas Matemáticas y de Optimización**: La capacitación es fundamental para que el equipo pueda manejar herramientas de optimización con confianza y eficacia. Cursos en optimización, programación matemática y análisis de datos permiten a los empleados desarrollar las habilidades necesarias para formular, interpretar y resolver problemas de optimización. Según Grant y Boyd (2013), el conocimiento técnico en optimización se convierte en una ventaja competitiva significativa.

- **Monitoreo y Ajustes Continuos**: La gestión basada en modelos Lagrangianos y Hamiltonianos no es estática; requiere un monitoreo continuo y ajustes según las condiciones cambiantes del mercado. Las decisiones deben revisarse y ajustarse regularmente para garantizar que se mantengan alineadas con los objetivos organizacionales. El trabajo de autores como Bertsekas (1999) sugiere que la adaptabilidad de los modelos es un aspecto clave en su efectividad a largo plazo.

APÉNDICES

Apéndice A: Guía para la Formulación de Problemas Empresariales en Términos Matemáticos

Este apéndice proporciona una guía paso a paso sobre cómo traducir problemas empresariales comunes en modelos matemáticos Lagrangianos y Hamiltonianos. Incluye ejemplos detallados de formulación en áreas como gestión de inventarios, optimización de costos y análisis de decisiones de inversión.

1. **Ejemplo de Optimización de Costos en la Cadena de Suministro**: Imaginemos una empresa que necesita minimizar sus costos de transporte mientras mantiene un cierto nivel de inventario en cada centro de distribución. Este problema puede formularse con una función Lagrangiana que considera el costo de transporte como función objetivo y las restricciones de inventario como condiciones adicionales.
2. **Ejemplo de Gestión de Inversiones**: En finanzas corporativas, la optimización de portafolios es un área en la que los modelos Hamiltonianos son particularmente útiles para maximizar el rendimiento esperado en un horizonte de tiempo específico. Este enfoque ayuda a tomar decisiones que optimizan los retornos futuros mientras se consideran las restricciones de riesgo.
3. **Ejemplo de Optimización de Marketing Digital**: Las campañas de marketing digital pueden beneficiarse de los modelos Lagrangianos para optimizar la asignación de presupuesto en varias plataformas, maximizando la exposición y el impacto de las campañas publicitarias. Este tipo de modelado matemático permite realizar ajustes rápidos basados en el rendimiento en tiempo real.

Apéndice B: Recursos de Software y Herramientas para la Implementación

Este apéndice ofrece un listado de herramientas y software que facilitan el modelado y la optimización, incluyendo Matlab, R, Python (con bibliotecas como SciPy y PuLP) y Excel Solver.

1. **Matlab**: Una herramienta poderosa para implementar optimización numérica, ampliamente utilizada en la industria y en la academia.
2. **Python y Bibliotecas de Optimización**: Python, con bibliotecas como PuLP y SciPy, permite implementar modelos matemáticos de optimización de manera flexible y de bajo costo.
3. **Excel Solver**: A pesar de ser menos sofisticado que Matlab o Python, Excel Solver sigue siendo una herramienta accesible y útil para resolver problemas de optimización lineal y no lineal.

Apéndice C: Lecturas Recomendadas y Estudios de Caso

1. **"Convex Optimization" de Boyd y Vandenberghe**: Este texto clásico introduce a los lectores a los principios de la optimización convexa y es ideal para aquellos interesados en comprender las bases matemáticas de la optimización en un contexto empresarial.
2. **"Dynamic Programming and Optimal Control" de Bertsekas**: Una referencia fundamental sobre la optimización dinámica y la programación óptima, con aplicaciones directas en modelos de control y gestión de recursos.
3. **Estudios de Caso sobre Optimización en Empresas Líderes**: Se recomiendan estudios de caso específicos, como el uso de modelos Hamiltonianos en Goldman Sachs para decisiones de inversión y la aplicación de métodos Lagrangianos en la logística de empresas como Amazon y Walmart.

FIN

www.ingramcontent.com/pod-product-compliance
Lightning Source LLC
Chambersburg PA
CBHW070426240526
45472CB00020B/1485